浙江省高等教育"十四五"教学改革研究项目"数字经济背景下应用型高校管理类课程数智化建设路径研究"（编号：jg20220615）

新时期人力资源管理体系的构建与创新优化

闫芃燕◎著

中国原子能出版社

图书在版编目 (CIP) 数据

新时期人力资源管理体系的构建与创新优化 / 闫芃
燕著 . —— 北京：中国原子能出版社，2023.3
ISBN 978-7-5221-2702-6

Ⅰ . ①新… Ⅱ . ①闫… Ⅲ . ①人力资源管理—研究
Ⅳ . ① F243

中国国家版本馆 CIP 数据核字（2023）第 080177 号

内 容 简 介

如今的时代是以人为核心的时代，是人才竞争优势凸显的时代。人力资源管理有较强的系统性，在人力资源管理中包含规划、招聘、培训、绩效、薪酬以及劳动关系管理等多方面的内容，各"子体系"有机联系、相互协调。企业要提升人力资源整体管理水平，就要构建包括各"子体系"要素在内的、系统全面的、有机协调的人力资源管理体系。本书在介绍人力资源管理相关概念基础上，分析了人力资源管理面临的新问题、新挑战与新趋势，同时对人力资源的组织体系、职位体系、绩效管理体系、薪酬福利体系、培训及职业生涯管理体系等方面进行了详细介绍，最后分析了新环境下使用大数据等新技术对人力资源管理进行创新优化。

新时期人力资源管理体系的构建与创新优化

出版发行　中国原子能出版社（北京市海淀区阜成路 43 号 100048）
责任编辑　张　琳
责任校对　冯莲凤
印　　刷　北京亚吉飞数码科技有限公司
经　　销　全国新华书店
开　　本　710 mm × 1000 mm　1/16
印　　张　13.375
字　　数　212 千字
版　　次　2024 年 3 月第 1 版　2024 年 3 月第 1 次印刷
书　　号　ISBN 978-7-5221-2702-6　　定　　价　82.00 元

网　　址：http://www.aep.com.cn　　E-mail:atomep123@126.com
发行电话：010-68452845　　　　　　　版权所有　侵权必究

前　言

在经济全球化日益加速的背景下,企业所面临的市场竞争愈演愈烈,而企业的人力资源战略在企业整体战略中所占的比例也在逐渐提高,人力资源已逐渐变成了公司赖以生存与发展的重要战略资本。在企业实施其经营战略的过程中,人的作用日益重要。一个能够吸引人才、培养人才、留住人才、利用好人才的企业,才能在市场中处于主动地位,才能拥有一个强有力的企业核心竞争力,才能在市场中站稳脚跟,实现长期发展的目标。

人力资源是一个企业最为关键的一项资产,它在企业的发展过程中除了发挥着基本的保证功能之外,还发挥着很大的战略性功能。因此,对人才进行高效的管理,是保证一个企业战略目标得以完成的一种重要手段,也是提高企业竞争能力的一种主要措施。对于一个公司的管理者来说,应该清楚地认识到人才的重要性。人力资源管理具有很高的系统性,它包括了规划、组织、职位、绩效、薪酬以及培训与员工职业生涯管理等多个"子系统"。各个"子体系"之间相互联系,相互协调,形成了一个完整的人力资源管理的"大体系",而每个"子体系"又会对人力资源系统的其他各个方面产生一定的影响。为了提高企业的总体人力资源管理水平,需要建立一个系统全面、有机协调的人力资源管理体系。

本书共八章。第一章为新时期人力资源管理体系概述,在介绍人力资源管理相关概念与理论的基础上,阐述了人力资源管理的基本内容,并对当前企业人力资源管理体系存在的一般问题及原因做了分析,预测了人力资源管理体系的发展方向。第二章为人力资源规划体系,对人力资源规划的内涵、人力资源的供需预测、人力资源规划的编制、人力资源的业务规划等方面做了探讨。第三章为组织体系,分析了人力资源管理战略、流程与组织,组织结构的优化与变革。第四章为职位体系,在介绍职位分析与职位评价的基础上,探讨了职位体系的构建,以激发人才活力。第五章为绩效管理体系,对绩效与绩效管理、绩效管理体系的前提条件与影响因素、绩效目标的设置、绩效的考评与应用以及绩效管理体系的推进等方面做了探讨。第六章为薪酬体系,介绍了薪酬的一般概念,探讨了薪酬战略制定与框架结构设计,以期构建全面薪酬体系。第七章为员工培训及职业生涯管理体系,对员工培训与开发、员工职业生涯管理体系的构建与实施、员工职业生涯规划优化方案进行了探讨。第八章为新时期人力资源管理体系的创新优化,本章站在时代发展的角度,对人力资源管理体系的数字化创新、"互联网+"时代人力资源柔性化管理、基于大数据的人力资源体系设计与实现、人力资源云平台的创新策略及其实施路径做了探讨。

本书对现代企业人力资源管理体系的诸多方面进行了研究,并展示了现代企业人力资源管理体系的创新优化。本书在撰写过程中力求理论丰富、紧跟时代、指导实践,希望通过本书能够对现代企业人力资源管理工作的开展提供借鉴与帮助。

在撰写本书的过程中,作者参考借鉴了诸多相关的文献资料,在此向相关作者表示衷心的感谢。同时对在本书成书中给予帮助和支持的亲朋好友也一并表示感谢。受精力与水平所限,书中难免出现疏漏和不妥之处,恳请广大读者予以批评指正,不胜感激。

闫芃燕

2023 年 3 月

目 录

第一章

新时期人力资源管理体系概述

第一节 人力资源管理相关概念与理论基础

一、人力资源管理的相关概念

（一）资源与人力资源

1. 资源

资源一词是经济学范畴的概念，其含括内容十分丰富，指的是为了创造物质财富而投入到生产过程中的一切要素的总和。通常情况下，我们可以将资源划分为两大类，即自然资源和社会资源，社会资源又可以细分为资本、信息和人力资源等，如图 1-1 所示。

```
                    ┌──────────┐
                    │  自然资源  │
                    └──────────┘
                         │
┌────────┐               │
│        │               │          ┌──────────┐
│  资源   │───────┬───────┤          │  资本资源  │
│        │       │       │          └──────────┘
└────────┘       │       │               │
                 │   ┌──────────┐         ├──────────┐
                 │   │          │         │ 信息资源  │
                 └───│  社会资源  │─────────┤ └──────────┘
                     │          │         │
                     └──────────┘         ├──────────┐
                                          │ 人力资源  │
                                          └──────────┘
                                          │
                                          ┌──────────┐
                                          │   其他    │
                                          └──────────┘
```

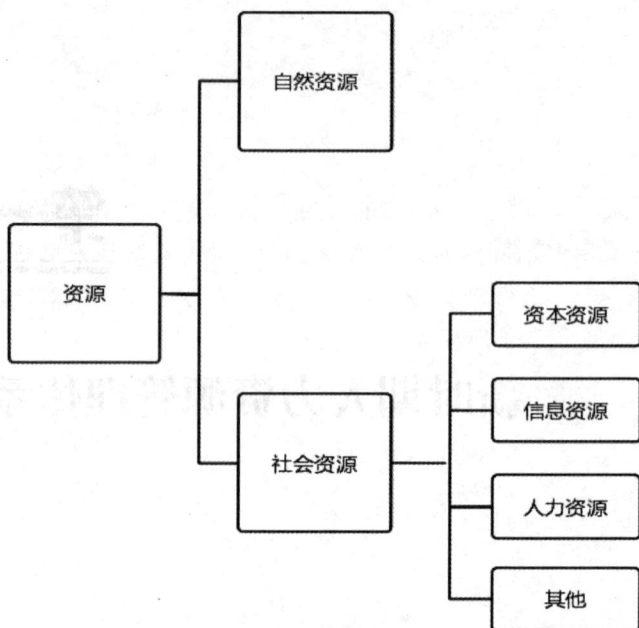

图 1-1　资源的分类

自然资源和社会资源的具体说明如下。

（1）自然资源

自然资源是指在自然环境中存在的没有经过人类加工就可以在生产活动中使用的自然物，如山石、矿产、林木、土地等。

（2）资本资源

资本资源也属于自然物，只不过它是人类通过技术手段加工而获得的，比如，生产生活中使用到的资金、机械设备、厂房等，这些都属于资本资源。一般来说，人类不会直接消费资本，而是把它作为一种工具来创造新的产品与新的价值。

（3）信息资源

信息资源指的是描述生产活动及与其有关的一切活动的事物的符号集合。与其他资源相比，信息资源具有共享性，这也是其区别于其他资源的一种独特性体现。

（4）人力资源

莎士比亚曾说，"人是宇宙的精华，万物的灵长。"这句话充分体现了人类在宇宙中扮演的伟大角色和所起的重要作用。可以说，人力资源是一切资源中最活跃和最重要的资源。所以，有经济学家将人力资源称为"第一资源"。

2. 人力资源

在人类认识到了人力资源的存在以后,很多学者都对其展开了研究,并得出了很多不同的观点。那么,我们到底该怎么来理解人力资源呢?本书认为,人力资源是指人类社会所拥有的一切可以利用的人的劳动能力(包括体力、智力)的总和,是指一定范围内具有为社会创造物质和精神财富、从事体力劳动和智力劳动的人的总称。从经济学角度来说,人力资源和自然资源、资本资源、信息资源等基础资源一样,我们可以把它当作一种能创造价值的基本要素。而企业人力资源是指企业所拥有的全部人员(包括与企业目标相关的其他人)的各种能力的总和。所以,很多研究中都将人力资源看作是一种无形资产。人力资源概念的划分有宏观和微观的区别,这两大意义上的概念主要存在划分和计量单位的差异:宏观意义上的人力资源的概念是以国家或地区为单位;而微观意义上的人力资源的概念则以部门和企事业单位为单位。①

(二)人力资源管理

依据前文所述,结合人力资源的定义和划分,本书认为,人力资源管理是指通过制定和实施政策、程序和活动,有效地吸引、培训、激励、管理和保留员工,以满足组织的战略目标和需求的过程。这包括招聘、薪酬管理、绩效管理、员工关系、员工培训与发展等方面的工作。人力资源管理旨在最大限度地发挥员工的潜力,提高员工的工作效率和满意度,从而促进组织的发展和成长。

(三)人力资源管理体系

人力资源管理体系具体是指在企业的日常人力资源管理中,逐步建立和完善的管理制度、工作流程以及组织管理形式等,其包括人力资源

① 齐义山,谢丽丽.人力资源管理[M].西安:西安电子科技大学出版社,2017.

管理的方方面面,本书将主要从人力资源规划体系、组织体系、职位体系、绩效管理体系、薪酬体系、员工培训及职业生涯管理体系等方面来探讨人力资源管理体系。

对于企业来说,人力资源作为"第一资源",是支持企业发展的核心资源,所以,对于一个企业来说,人力资源在实现其战略目标的过程中具有不可替代的作用。

二、人力资源管理的理论基础

(一)人本管理理论

人本管理理论是指一种注重员工的人性、价值和发展的管理理念。该理论认为,员工是企业最宝贵的资源,应该被视为组织的重要资产,而非仅仅是生产力的来源。人本管理理论强调员工的个人发展和幸福感对于组织的成功至关重要。

在人本管理理论中,企业致力于建立良好的工作环境,并提供必要的培训和发展机会,以激励员工充分发挥其潜力。这包括关注员工的个人需求和价值观,鼓励员工参与决策和创新,以及建立积极的员工关系和沟通机制。

人本管理理论认为,通过关注员工的需求、发展和幸福感,企业可以提高员工的士气和工作表现,从而实现组织的长期成功和可持续发展。这个理论强调了员工与企业共同成长的重要性,促使企业领导层更加关注员工的全面发展,而不仅仅关注他们在工作中的表现。

(二)需求层次理论

每个个体都是不同的,不同的个体有不同的差异,根据每个个体之间的差异,马斯洛提出了需求层次理论(图 1-2)。

马斯洛需求层次理论

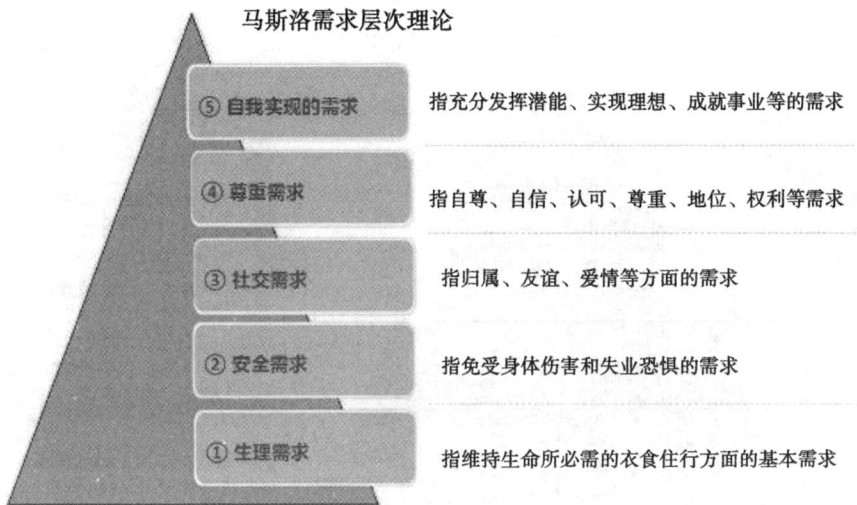

⑤ 自我实现的需求　　指充分发挥潜能、实现理想、成就事业等的需求

④ 尊重需求　　指自尊、自信、认可、尊重、地位、权利等需求

③ 社交需求　　指归属、友谊、爱情等方面的需求

② 安全需求　　指免受身体伤害和失业恐惧的需求

① 生理需求　　指维持生命所必需的衣食住行方面的基本需求

图 1-2　马斯洛需求层次理论

从人力资源管理角度来看,当员工的基本生理需求得到满足时,再增加与生理需求相关的机理也就起不到激励员工的作用,因此,在人力资源管理中,仅仅凭借基本的物质来激励员工是不够的。选择激励的方式时除了考虑物质方面的激励以外,还需要充分考虑员工的精神需求,针对性地结合员工的实际需求差异。这就要求企业人力管理部门对员工不同的需求加以分析和总结,并根据企业发展和个人发展的不同阶段,给予员工不同方式的奖励,最终达到有效激励员工的目标。

（三）双因素理论

双因素理论又叫"激励保健理论",这一理论由赫茨伯格于 20 世纪 50 年代提出,其认为激励因素和保健因素会直接影响到员工的工作状态(图 1-3)。

激励因素通常指导致员工工作满意和积极性的因素,如成就感、赏识、挑战性的工作、责任、成长和发展等。这些因素可以激发员工的积极性和创造力,帮助他们在工作中获得满足感和成就感。

保健因素通常指影响员工不满和负面情绪的因素,如工作环境、管理措施、人际关系、工资等。这些因素如果不完善可能导致员工不满和压力,影响其工作效率和健康状况。

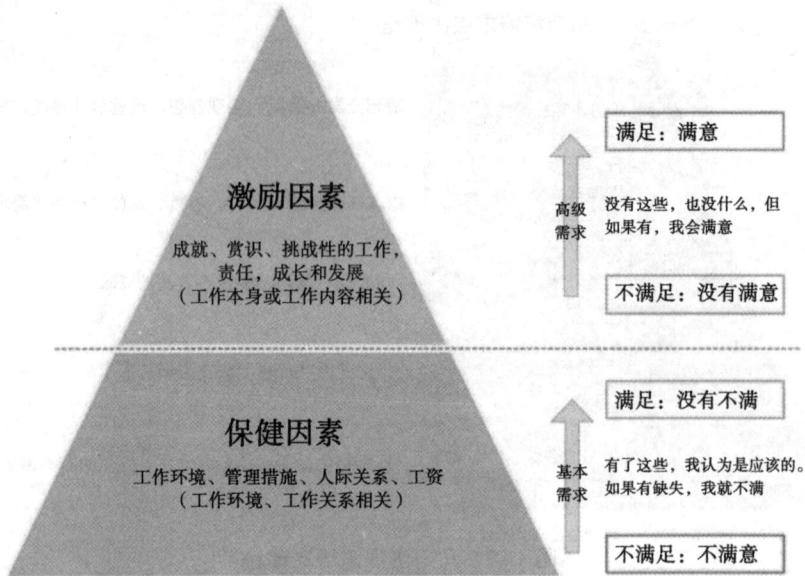

図 1-3　赫茨伯格的双因素理论

　　在实践中，人力资源管理部门需要结合实际，充分考虑企业的现实发展状况，充分发挥激励因素的作用，与保健因素相结合，有效达到使员工全心全意为企业服务的目的。

（四）系统理论

　　系统理论是用来研究和理解各种复杂系统的结构、行为和互动的一种理论性框架。系统理论强调系统内部各个元素之间的相互作用，以及系统与外部环境之间的关联（图 1-4）。这一理论可以应用于多个领域，包括物理学、生态学、社会科学、管理学等。

　　系统总是在不断发展变化的，而且其各分系统之间保持着平衡，一旦这种平衡被打破，整个系统体系将不能被维持。系统具有整体性、关联性、环境适应性等方面的特征。

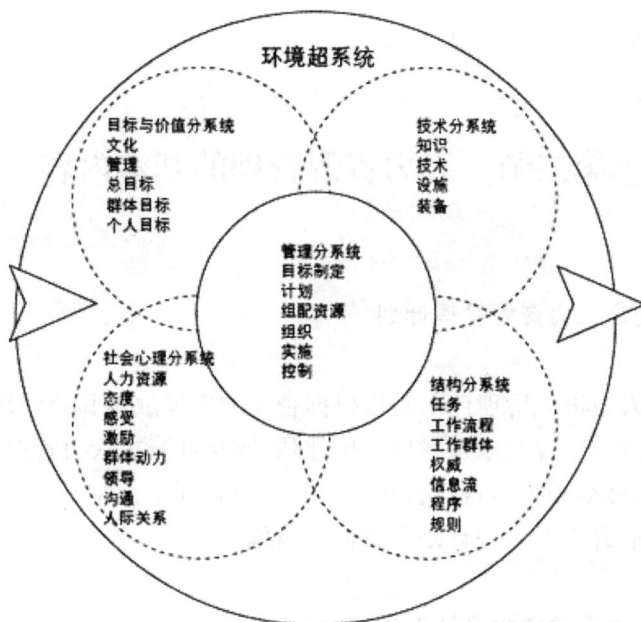

图1-4 系统理论的组织模式示意图

　　总的来说,社会各界普遍认为,人力资源是经济社会发展重要而稀缺的资源,这一理念在一些国家尤其是西方市场经济发达国家的发展经验中已经被证实,研究这一理论并有效践行具有十分重要的意义。在经济全球化日益加速的背景下,企业所面临的市场竞争愈演愈烈,而企业的人力资源战略在企业整体战略中所占的比例也在逐渐提高,人力资源已逐渐变成了公司赖以生存与发展的重要战略资本。在企业实施其经营战略的过程中,人的作用日益重要。一个能够吸引人才、培养人才、留住人才、利用好人才的企业,才能在市场中处于主动地位,才能拥有一个强有力的企业核心竞争力,才能在市场中站稳脚跟,实现长期发展的目标。

第二节　人力资源管理的基本内容

一、制定人力资源管理计划

制定人力资源管理计划是指根据企业的发展战略和经营计划,对公司的人力资源状况及未来发展做出评估,收集并分析人力资源的供求与发展趋势,然后根据所得材料和信息制定出有利于企业发展的人力资源招聘、培训、开发及发展计划等方面的措施。

二、人力资源成本会计工作

人力资源成本会计工作指的是对公司或组织中人力资源相关成本的核算和管理。这一工作内容涵盖了薪酬、福利、培训、招聘费用以及其他与员工相关的成本。这些工作可以帮助企业充分了解人力资源成本结构,在管理和决策中提供有效的数据支持。管理者可以通过对人力资源成本的核算和分析,更好地控制成本、制定合理的薪酬政策、优化人力资源配置,从而提高企业的绩效和竞争力。

三、岗位分析与工作设计

岗位分析与工作设计是人力资源管理中的重要工作内容,对于组织而言具有关键意义。岗位分析涉及确定和描述岗位所需的技能、知识、责任、工作条件等要素(图 1–5)。工作设计则是在岗位分析的基础上,对工作内容和工作流程进行规划和安排,以提高工作效率和员工满意度。通过科学的岗位分析和合理的工作设计,组织可以有效地配置员工的工作任务,并使员工能够充分发挥其潜力,提高工作满意度和组织绩效。

四、员工招聘与选拔

员工招聘与选拔的流程通常包括以下步骤：

（1）确定组织的招聘需求，包括新岗位的开设、现有岗位的替换等。

（2）详细描述该岗位的职责、资格要求、技能要求等，并制定一份完整的岗位描述书。

（3）根据需求和岗位描述，制定招聘计划，包括招聘时间表、招聘渠道、招聘预算等。

（4）在合适的招聘渠道发布招聘信息，包括企业网站、招聘网站、社交媒体、招聘会、校园招聘等。

（5）收集应聘者的简历，并进行初步筛选，挑选出符合条件的候选人。

（6）与候选人预约面试时间，并为面试准备相关资料，包括面试问题清单、评估表等。

（7）进行面试，可能包括个人面试、群体面试、技能测试、案例分析等，并对候选人的能力和适应性进行评估。

（8）对通过面试的候选人进行背景调查，以核实其教育背景、工作经验等信息的真实性。

（9）最终确定最佳候选人，并向其发放录用通知，并就薪资、福利等细节进行协商。

（10）完成入职所需的各项手续，包括签订劳动合同、培训安排等，为新员工的顺利入职做好准备。

这些步骤组成了一个相对完整的员工招聘与选拔流程。在实际操作中，每个组织可能根据自身情况对流程进行适当调整（图1-6）。需要注意的是，特殊岗位和重要岗位可能需要多轮面试和筛选。人力资源的选拔，应该建立在平等、双向、择优等原则之上。

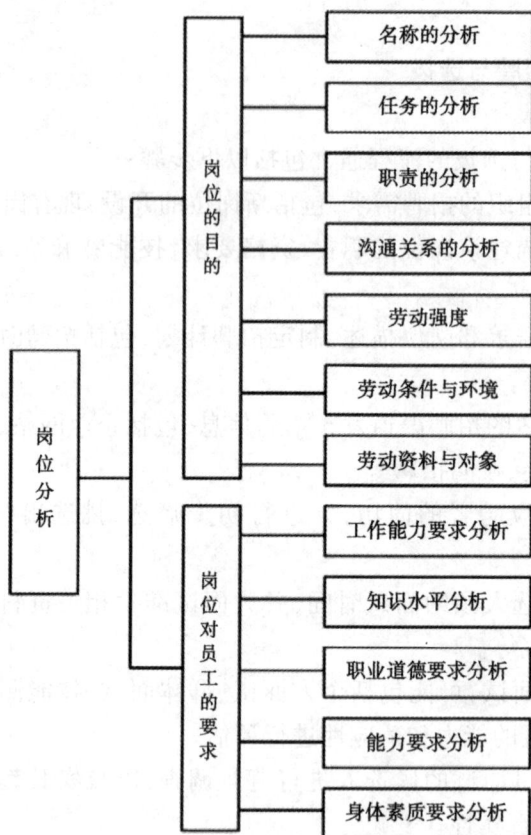

图 1-5 岗位分析的目的与要求

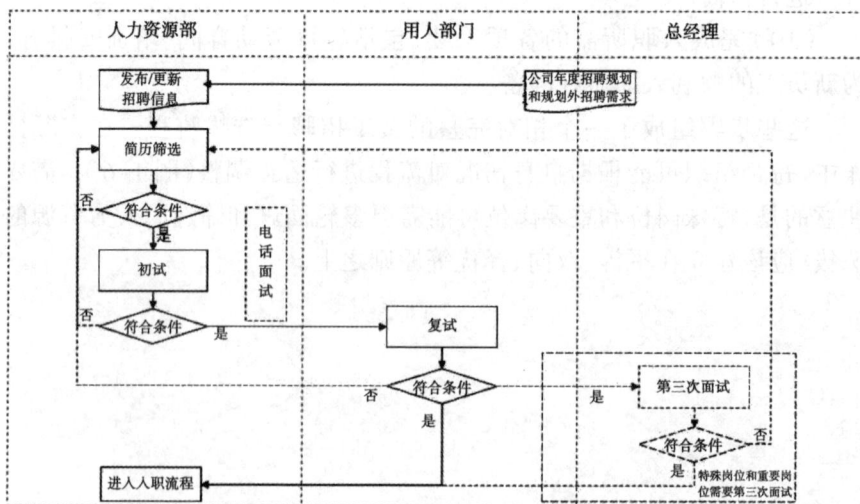

图 1-6 员工招聘流程

五、雇佣管理与劳资关系

员工一旦被公司录用,就会与公司之间建立起雇佣与被雇佣的劳资关系,这时,员工与公司的关系就是相互依存的,公司需要保障员工的合法权益,员工有义务完成公司安排的工作,所以,确立了劳资关系之后有必要就员工的薪酬福利、工作条件和环境等相关事宜达成一定协议,签订劳动合同,确保双方的合法权益得到保障。

六、入职培训和发展

严格来说,任何一个新员工在走上自己的工作岗位之前,都要接受入职培训,其目的旨在帮助新员工了解公司制度和公司文化、适应公司的工作环境与氛围。一般来说,入职培训的内容主要包括公司成立背景、发展现状、企业文化、企业价值观、岗位培训、员工发展规划等方面。员工入职培训和发展计划有助于加速新员工的融入和成长,提高其工作绩效和满意度,同时也有助于建立积极的员工关系。

七、工作绩效考核

工作绩效考核是组织用来评估员工工作表现的过程,旨在确保员工达到预期目标并提供必要的反馈以促进提高。这种评价通过自我总结、他评或综合评价等方式展开。根据评价结果,可以相应调整员工的薪酬福利,调整员工职位,也可以改进绩效计划、制定员工培训发展战略,甚至可以作为是否继续任用员工的判断依据。对于员工工作绩效的考核是调动员工的积极性和创造性的非常有效的一种手段,同时也能对人力资源管理工作进行改进,以最终促进企业的发展。(图1-7)

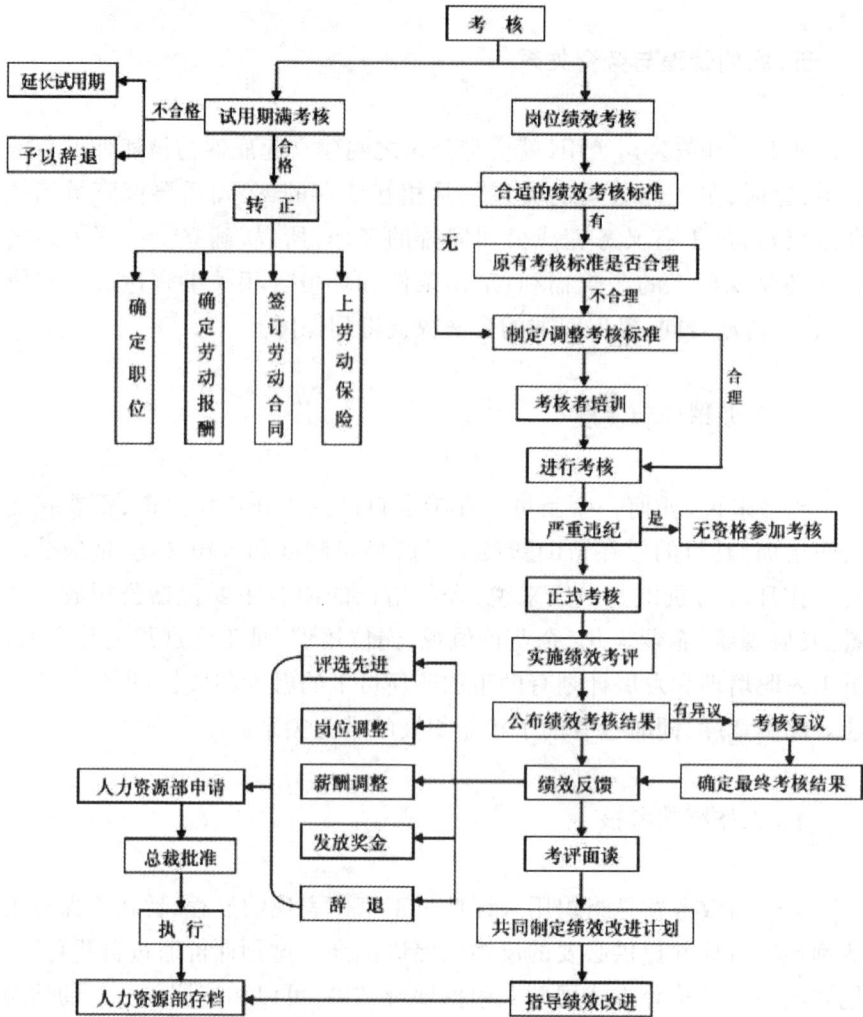

图 1-7　工作绩效考核流程

八、帮助员工发展职业生涯

为了使企业得到长远发展,留住人才,人力资源管理部门和管理人员应该特别关注员工的个人发展,人性化地帮助员工制定个人发展计划,并且要能够即时监督与考查。这样做的目的是让员工感受到一种"归属感",最大程度地提升员工工作的积极性和创造性,最终提升公司效益。人力资源管理部门在帮助员工制定职业生涯规划时,必须与公司的发展结合起来,这样才不至于做"无用功",只有这样,人力资源管理部门才能有效地帮助和指导员工做出有利于自身发展的职业生涯规划,促进个人发展的同时也能让公司的发展得到保障。

九、员工工资与福利保障

员工队伍的稳定取决于具有科学、合理的工资报酬福利体系。一个成功的企业必定拥有能顾吸引人才的工资福利体系,人力资源管理部门应该有针对性地按照员工的自身情况,比如资历、职级、岗位及实际表现和工作成绩等制定相应的工资福利体系。员工的福利报酬具有变动性,它应该根据每个阶段员工工作职务、工作岗位升降与变动以及工作表现的好坏和贡献率做出一定的调整。

员工福利是除了工资报酬以外,社会和公司为员工提供保障的另一方式,也可以说是对工资报酬的一种补充或延续。它主要包括"五险一金"以及法定节假日。另外,安全培训、良好工作环境的创设等也是员工福利内容的组成部分。

十、保管员工档案

在人力资源管理中,员工档案的保存是至关重要的,它包括了员工个人信息、合同/协议文件、薪酬信息、培训记录、绩效评估以及其他与员工相关的文件。以下是人力资源管理中员工档案保存一些注意事项:

(1)合规性:保持员工档案需要遵守相关的法律法规,如个人数据保护法等,确保员工隐私得到保护。

(2)保密性:员工档案应妥善保管,只有授权人员才能访问。敏感信息如社会保险号码、身份证号等需要得到特别保护。

(3)文件完整性:员工档案应当包含完整、准确和最新的信息,包括入职材料、薪酬信息、培训记录和评估档案等。

(4)保管期限:根据当地法律法规的要求,确定员工档案的保管期限,并在其间通过适当措施进行长期保存。

(5)电子存档和备份:可以考虑将员工档案电子化保存,并定期进行备份,以防止信息丢失。

（6）销毁程序：当员工档案达到法律规定的保管期限时，需要按照文件销毁程序进行处理，以确保文件被安全地销毁。

员工档案的保存和管理需要系统、有序，并且符合当地的法律法规要求，以确保员工信息的保密性、完整性和安全性。

第三节　人力资源管理体系存在的问题及原因

一、人力资源管理体系存在的问题

虽然近年来，很多公司为了提升自身与同行业之间的竞争力，都在积极寻求各种途径推进公司向现代企业的转型，在人力资源方面不断增加资源投入，但由于外界环境等各方面因素的变化，目前一些公司的人力资源管理与已经实现现代企业管理体系的企业相比，还存在着一定的差距。具体来说表现在以下几个方面。

（一）人力资源管理整体"体系化"不足

人力资源管理的各个模块相互作用，共同构成了企业人力资源管理体系，但很多企业在实际操作中推动各模块工作的时候缺乏"整体化"的思考，没有系统、完整、科学的顶层设计，往往是出现问题了才想办法，"打补丁"式的操作，这种操作在处理旧问题的同时往往会附带产生新的问题，最终导致各项资源的消耗，这对于企业的发展是非常不利的。举个例子，一个企业在制定了人力资源规划之后，在招聘这一环节又"抛弃"了规划的内容；人力资源总体规划中考核环节的规划将绩效考核的结果作为员工培训开发的重要依据，但是在培训制度里却没有将两者进行有效的衔接，导致员工培训的发起和内容的确定与考核结果之间完全不相干。

（二）人力资源规划流程不健全，规划与企业战略关联不够

1. 人力资源规划流程缺失

近年来，虽然企业都逐渐增加了对人力资源管理工作的重视程度，但依然有部分管理者没有将人力资源管理放在"心上"，觉得人力资源管理可有可无。缺少了人力资源规划的系统规划，会直接影响到公司的长远发展。例如，一些公司的人事管理部门与业务部门之间缺少信息互动，没有将人力资源规划同步给业务，而业务对于人事部门的相关工作也缺乏了解。

2. 人力规划与企业战略缺少联系

人力规划与企业战略缺少联系可能会带来一系列问题：

（1）由于人力规划无法有效响应企业战略的需求，可能导致员工的技能和能力与企业发展方向不匹配，造成人才错配问题。

（2）缺乏与企业战略目标相契合的人才规划，可能使得在关键领域寻找和吸引高素质人才变得更加困难。

（3）如果人力规划无法与企业战略保持一致，可能导致培训资源的浪费，因为培训项目不符合企业真正的需求。

（4）员工的绩效评价和奖励体系与企业战略脱节，将导致员工的表现与企业目标之间存在较大差距，影响企业整体绩效。

（5）如果人力规划与企业战略缺少联系，员工发展计划可能无法有效地支持企业的长期目标，造成员工发展的瓶颈。

3. 公司制度流程不完善，与人力资源规划相脱节

目前来看，有很多企业的员工中很大一部分人员对于公司人力资源管理制度不够了解，对于制度的执行力度与满意度不高，一定程度上导致了一部分员工不支持公司的人力资源管理工作，在人力资源管理工作中又缺乏有效沟通，致使员工的积极性不高，所以人力资源管理取得的

效果不佳。

(三)人力资源招聘标准不够清晰,招聘体系设置不够科学

1. 人—岗不匹配

人—岗匹配事关公司招聘体系的科学、合理。一部分公司因为在招聘体系方面存在着各种问题,导致每年都需要新招一大批员工,而新入职的员工离职率又比较高,且需要人力部门花费精力去对这些新员工进行培训,无法保证招聘效率,也在无形之中大大增加了公司的人力成本。

现在企业招聘主要有两种形式,即社会招聘和校园招聘。社会招聘指企业在社会上向公众发布招聘广告,吸引有工作经验或非在校学生的求职者。社会招聘可以帮助企业迅速找到具有一定工作经验和能力的人才,他们能够快速融入岗位,并且具备一定的社会适应能力。校园招聘指企业面向大学生进行招聘活动,这些活动通常发生在大学校园内或与学校合作的招聘会上。校园招聘可以帮助企业挖掘年轻、富有潜力并且接受专业教育的人才,同时也能提供一种廉价、可控的招聘渠道。

从性质上来说,社会招聘属于公司的主动需求,按照业务的需要确定招聘人员的条件,因为这种招聘方式是业务部门发起的,业务管理人员对人力管理的相关内容了解不全面,只能按岗设需,指出所需岗位人员的关键技能要求,招聘条件不能对应公司的整体发展目标;人事部门接收到业务部门的招聘需求展开招聘,由于对业务的专业性了解不足,往往在招聘过程中"格式化"筛选人才,关注应聘者的学历、年龄等客观因素,对应聘者的专业素养和技能是否真正符合公司业务所需认识不足,这样就会造成很多优秀人才无法进入招聘范围,无形中提升了公司的招聘门槛,很大程度上不能让真正有实力的符合公司发展需求的人才进入公司施展才能,促进企业发展,反而是招聘进公司的人不能有效应对工作要求。

学校的校园招聘为一种被动型招聘方式,由人力管理部门发起,其招聘内容相对简单,以大学毕业生为主;由于大学生缺乏工作经验,尚不具备工作所需要的专业技术,致使他们在工作中不能很好地融入工作

环境,有的还存在着与工作不相配的现象。在实际工作中,招聘者的工作与用人部门的真实需要存在差距,这也间接地加大了招聘者对新员工进行训练的困难程度,同时也加大了对新员工进行训练的费用,从而导致整体招聘工作效率低下。而且,因为两个职位的不相配,还会导致员工的流动。

此外,部分企业目前采用的招工方式比较单一,缺乏对应聘者的科学评估,以及不可控制的人为因素,也会导致企业的招工不能成功。当前,一些公司主要通过网上投递简历和有关人员介绍等途径来进行招聘,但是由于在市场上,缺乏一个特殊人才的人才库,对于高层次的专业人才缺乏一个通道,所以不能招募到合适的、优秀的人才。在企业的招募工作中,因为有很多不受控制的原因,所以在招募员工时会表现出很大的主观性,上司的个人偏好和人情关系等都会对挑选员工的客观结果产生很大的干扰。

2. 招聘科学性不足

目前,一些公司的招聘形式相对较为简单,它以笔试和面试两种方式为主,而在这个过程中,所涉及的问题也表现出了一种机械性,大部分的问题都是通过具有职位需求的主管和 HR 来展开的,这就造成了对应聘者的评价不具有科学性,它不能对应聘者进行全方位的评价。

3. 公司自主培养员工不能满足公司发展需要

公司独立培养的员工已经不能满足公司发展的需求,这就造成了公司在重要岗位的聘用方面,主要依靠于外部招聘提供,这对公司的招聘能力和原来的人才体制带来了巨大的威胁。首先,对重要职位的聘请时间比较漫长,聘请费用比较高,企业要花费更多的人力物力;同时,在外部人员填补重要岗位空缺时,往往会对公司目前的员工的薪资体系、组织氛围、企业文化等形成了非常大的挑战,因此,在进行磨合的过程中,双方之间的配合会花费一段时间,而且还存在着一定的风险。

（四）员工培训内容形式及组织创新不够，效果不彰

1. 培训方式较为"老套"

当前，一些公司在对其员工进行的教学和训练中，更多地将注意力放在了员工对以往经验的继承上，使用方式以师徒制为主，但是在公司的层次上，并没有构建起一套完整的培训体系，因此，没有能够对员工进行高效的培养，使得员工很难获得快速的发展和进步。在课程体系的构建上，还没有对高管类课程、中层管理者课程、专业序列课程和新员工的入职课程展开系统的设计和执行，因此，员工对于学习和发展的要求比较高，这并没有得到很好的解决。另一方面，公司的培训讲师队伍和培训机制还没有建立起来，培训的氛围还需要培养。而且，大部分的训练方式都是千篇一律的，比较单调，所以会让人失去对培训的热情，让培训变成"走过场"，所以无论是公司还是员工，对于训练的热情都不高。

2. 员工培训内容组织不合理

在制定培训内容的时候，有些公司的人力资源管理人员缺少了对培训的整体计划，因此，他们的训练与公司的阶段性发展目标之间的匹配度不够，这就表现出了两个特点：一是对员工进行的训练，大部分都是以技巧训练为主导，而缺少了对其他领域的相关知识的训练，这就造成了训练内容的片面性，不能激发出员工的全面发展。二是一些训练内容太偏向于文化方面的训练，其中一些训练是"看起来很有趣，但一听完就忘记了"，不能对员工的能力进行有效的提高，因此训练的结果也会大减。

员工们要求企业在外面进行更多的训练，例如，提高他们的职业水平。除此之外，还有部分职工想要加入一些趣味性的训练，比如文化课、体育项目等，这样可以让自己的生活变得更加充实。

3. 培训工作与公司人事其他模块缺乏关联

有些公司在培训结束之后，人力资源部门对培训过程的管理缺乏系统性，培训过程中的每一个步骤都会出现断点，例如培训之前的准备工作不够、培训过程中缺少监督、培训后的成效追踪不够等问题，很明显，就没有办法构建出一个立体的培训体系。但是，对于员工来说，他们只将训练工作视为一项工作，而没有将训练工作与他们的工作业绩联系起来，在训练过程中，员工们也没有从训练中得到什么满足，所以，对他们进行培训的价值没有充分地发挥出来。

（五）薪酬福利制度较为僵化，缺乏应有的激励效果

1. 薪酬设计有待完善

当前，部分企业的薪资制度尽管覆盖面相对宽广，但普遍出现的"大锅饭""平均主义"等问题仍未得到解决，且仍有偏袒底薪、偏袒业绩等现象。此外，有些公司还面临着薪酬类型多、层级多等问题，但每一层级间的薪酬有的甚至只是在通信费用上存在着一些差别。不公平的薪酬发放将会使企业职工的工作热情受到影响。

与此相比，企业的工资激励对员工的影响很小，在绩效工资的问题上，公司会以不同的等级为依据，制定不一样的绩效包。除此之外，还会以业绩的表现为标准，对员工进行考核。同样由于不同级别的绩效包的差异并不大，所以会造成员工薪酬收入差距比较小，从而不能将激励的作用发挥出来，从而造成了它的公平性不足。

2. 激励机制无法有效调动员工积极性

当前，许多企业的薪酬制度并未体现出对优秀人才的高业绩的鼓励作用，因为缺少对各业务单位的评估制度，使得 HR 在对各单位的人员进行评估时，缺少一个科学的度量准则，从而造成了评估不够客观。而员工会只是根据公司和部门的需要去实现业绩目标，他们的业绩目标主

要集中在收入目标上,在他们实现了这些目标之后,他们得到的动力并不高,这就造成了他们对目标的达成缺少热情。

3.薪酬结构比较僵化

有些公司现行的薪酬制度,主要是对公司各个部门的薪酬结构进行统一的管理,但是对于业务部门来说,其拥有的分配权力比较小。因为在不同的工作领域,工作分配有着很大的不同,所以也就造成了业务部门不能根据自己的工作成果进行薪酬结构的调整。

4.缺少薪酬调整以及薪酬沟通机制

有些企业缺乏薪资调整和薪资交流机制,这就难以对优秀的人才展开持续、高效的鼓励,从而造成工作一段时间后,优秀人才的工作热情下降的问题。同时对于中、下阶层的员工,如果一直不进行工资的变动,既会使企业目前的工资在同行业竞争中丧失主导地位,也使企业的薪资水平无法满足员工的要求。另外,这也使得一些员工决定跳槽到薪酬更高的公司工作,进而对企业的人才保留以及企业的经营造成很大的影响。但是,由于缺乏必需的薪资交流工作,也造成了员工对于薪资的期望无法获得很好的均衡。因此,公司在花费了高薪资成本后,却没有获得更高的薪资期望收益。

(六)绩效考核指标体系不够科学,结果未得到有效反馈

1.绩效考核的主观性过强

通常情况下,公司的绩效考核会被分成两种不同的形式,一种是季度考核,一种是年度考核,考核的方式以上级主管的评分为主,而且主管的评分在绩效成绩中所占的比例也会比较高,这就造成了绩效考核的主观性很强,从而造成了最后的绩效成绩不够公正。此外,绩效考核还会对基层的一线员工产生很大的影响,使得公司的绩效考核变成了

一种罚款的手段,因此,大多数的基层员工对于绩效考核有很强的抵触心理。

2. 考核指标设置不够科学

在当今社会,由于市场经济的日益活跃,有些公司的业绩考核体系已经无法满足现代化公司经营的需要。公司的人力资源部门在制订考核指标的时候,因为对工作不够了解,所以在考核指标中,职能类指标占有很大的比例,业绩类指标占比较低,这就造成了员工的日常工作和绩效考核的内容之间的关联性不强,从而对绩效考核的价值产生了一定的影响。

3. 绩效考核结果之间缺少关联

有些企业在完成了业绩评估工作之后,并没有就评估的成果进行完整的剖析与归纳,而员工们也不会积极地去思考他们的工作中出现了哪些问题,并想出相应的对策。公司的管理人员对员工工作成果的关注不够,导致员工对绩效考核的重视程度也不高,这就使绩效考核成为一种流于形式的工作,对员工的工作和公司的发展都没有产生正面影响。

尽管在某种程度上,绩效考核的结果与员工的晋升和薪酬之间存在着一定的联系,但因为绩效考核的主观性很强,而且在晋升和薪酬中所占的比例很小,这就使得绩效的激励效应被削弱了。

二、企业人力资源管理体系产生问题的原因

(一)人力资源管理理念不能紧跟时代步伐

当前,有些公司的人事部门对现代人力资源制度的认识还不深入,公司的人事工作更多地采取的是一种常规的人事管理方法,与现代企业制度的要求、不断改变的外部环境、公司设定的长期战略目标、新时代的员工的需要比较起来,具有明显的滞后性。行政职能对企业的人事管理制度有很大的影响,而对人事的管理权限也在一定程度上受到行政管

理的干预,所以,这就会直接影响到人事管理工作的进行。

（二）人力资源管理人员队伍专业性不强

许多人力资源管理人员,因为自己的实力和其他因素,不能清晰地认识自己的位置,而且人力资源管理部门也没有为自己注入"新鲜血液",这就造成了人力资源管理的发展模式相对滞后,难以适应企业的发展。因为缺少专门的人力资源人员,这就造成了企业的人力资源计划和企业的战略计划相脱离,企业总体上更注重企业的经营计划,就会在一定程度上忽略企业的人力资源计划。尽管能够初步建立起一个人力资源管理系统,但模块之间缺乏一个相互间的联系,"墙壁是墙壁,窗户是窗户",不能对企业的人才进行一个明确的、比较系统的人才发展策略的规划,工作的前沿性不足。此外,在公司的一些子公司中,经常会出现一名人员同时担任多个职位的情况,从而造成了人事管理部门员工缺乏,这样的组织结构明显不适合人事部门系统性地进行工作,不能对公司的人力资源展开系统性的、前瞻性的规划。

第四节　人力资源管理体系的发展方向

一、转变人力资源管理观念

作为企业的管理者,首先要提高对人才的认识,确立人才是第一资源,坚持以人才为核心,在企业经营和治理过程中,充分发挥员工的主体地位,加速从传统的人事部门到现代化的人事部门的发展。其次,公司的经理必须具备国际化的观念,即以国际化的眼光来看待公司的人才发展,并与世界经济的竞争相结合。同时要把人力资源管理的理念贯彻到工作的每一个层次,要让员工在工作中体会到人力资源管理的理念,形成一种独特的文化氛围,让员工可以看见自己的将来。

二、建立双向选择的人力资源流动机制

有效的、有序的人才流动是推动公司发展的重要因素,因此,公司应当对员工进行双向选择,并对员工进行持续、动态的管理。首先,在持续招聘的基础上,让高质量的人"流进来",防止高质量的人离开。其次,根据"优胜劣汰""双向选择"等方式,对人才进行合理的配置,让人才在自己的工作中找到最适合自己的职位,以最大限度地实现自己的能力。最终,要建立起"不为我所有,但为我所用"的人才利用理念。在某些专业方面急需人才的情况下,可以采用特聘、邀约教授等方式来填补人才的缺口,从而达到人才资源的共享。

三、构建高效的绩效考核体系

企业战略性的人力资源管理体系的形成,需要转变传统的人力资源管理理念,建立多样化的职位聘任制度、创造一个良好的工作环境。所以,为了保证建立一个具有高效率的战略性的人力资源管理体系,就需要建立有效的绩效考核体系。

(1)为员工设定清晰、具体的工作目标和绩效标准,使他们明白自己的工作重点和评估标准。

(2)重视员工参与度,应用成员工参与制定目标、自我评估和绩效反馈的机制,增强员工对绩效考核的认同感。

(3)采用多种评估方法,包括360度反馈、自评、员工表现记录、绩效面谈等方式进行多角度评价,更充分地了解员工的实际表现。

(4)建立公平、合理的绩效奖惩机制,激励员工积极主动地工作并提升工作表现。

(5)定期跟进员工的绩效,及时给予正面反馈和改进建议,鼓励员工不断提升。

(6)根据绩效评估结果,制定个性化的培训计划,帮助员工弥补不足,提升专业技能和综合素质。

(7)对直接管理人员进行绩效管理培训,使他们能够有效地进行绩效评估和管理支持。

构建高效的绩效考核体系需要综合考虑组织的战略目标和员工的发展需求,注重公平、透明和激励机制,以实现员工个人发展与组织目标的有机结合。

四、建立多元化的激励机制

要想形成竞争有序、激励有效、调控合理、科学公平的工资制度与运作机制,就需要对薪酬分配制度进行持续的改进和适当的调整,在稳定员工队伍、吸引优秀人才方面起到更大的影响。公司要根据外部与自身的状况,建立一套切实可行的薪资管理策略,对于不同类型、不同岗位的员工,实行不同的待遇,要做到对公司做出重大贡献的人才给予高工资和高福利的待遇,保证薪资政策可以从外部引进更多的人才,同时也可以将公司内部的关键人才保留下来。并在此基础上,采取多种形式的精神奖励措施。简而言之,要对不同人员的不同需要进行正确的认识,并加以解决,实行高效的目标激励、情感激励和参与激励。

第 二 章

人力资源规划体系

第一节　人力资源规划的内涵

所谓人力资源规划,就是按照组织的战略与发展目标的要求,对组织在将来的环境变化中所面临的人力资源的供需情况进行科学的预测,并采取相应的决策和措施,从而保证组织能够在有需要的时候,在有需要的岗位上,得到不同类型的人才,为组织和个体带来长期利益的一个动态的过程。从这一概念可以看出,人力资源规划包括以下五个方面的含义。

（1）战略性:从本质上讲,企业的发展战略和目标是企业进行人力资源规划的依据。人力资源规划为组织的发展服务,是一个企业为其发展战略而制定的一套计划。

（2）动态性:就其成因而言,是要顺应企业内部和外部的发展趋势。因为组织的环境处于一个不断变化的过程之中,这就势必导致人才的供求形势发生改变。因此,人力资源规划一定要随着组织的环境发生相应的改变,人才的发展计划不会一成不变。

（3）前瞻性：从本质而言，人力资源规划建立在对组织中的人才需要进行详细分析和预测的基础上，并以此为依据，找出组织发展变化的基本规律，为企业制定长远发展目标，制定缩小人力资源素质结构等方面可能存在差距的方案。

（4）综合性：从过程来看，人力资源规划指的是将组织发展战略，与岗位编制、人员配置、教育培训、薪金分配、职业发展等有关的各个环节进行融合，进而整合协调各种要素和资源，这是一种综合且长久的组织计划安排。

（5）双赢性：从结果来看，企业战略管理的根本目的在于为企业和个人带来长期的收益。企业的人才供给必须在数量、质量和结构上都能与企业对人才的需要相匹配，从而提高企业的生产效率。并且，通过对企业人力资源进行充分的挖掘和运用，可以对员工进行高效的激发，提升他们的素质，从而达到"人尽其才，才尽其用"的目的，实现对企业内部人员进行优化分配和动态均衡的目标。

第二节　人力资源的供需预测

一、人力资源需求预测

（一）人力资源需求预测概述

人才的需求量是一个公司在特定的时间段里对人才的需求数量、质量和结构的估算。人才需要是一种引导性的需要，归根结底是由公司所提供的商品或服务决定的。所以，在对人力资源的需求进行预测以前，首先需要公司对其商品或者服务的需求进行预测。之后，在特定的技术和管理环境下，将这种预期转化为对其所需要的人员的人数和素质的预期。人力资源需求预测需要对下列因素进行分析。

1. 产品和需求预测

产品与需求的预测一般是在行业与企业发展层面进行预测的。从行业的视角来观察,各个行业的产品注重于满足消费者的各种需要,其受到消费者人数、消费者的偏好、收入水平、价格水平以及政治、经济、社会、技术等直接和间接、长期和短期的因素的制约。所以,行业内的需求不仅存在着长期平稳的走势,而且还存在着短时震荡的现象。在一个行业中,一个公司的影响力,是由一个公司在产品质量、成本价格、品牌信誉、促销努力等多个领域与它的竞争对手之间的差别所造成的。

一般来说,在不改变生产技术和管理水平的情况下,社会对公司产品的需求与公司对人员的需求是成正比的,如果公司的产品和服务的需求提高了,那么公司内部所设置的岗位和聘请的人员的需求也会随之提高。

2. 企业的发展战略和经营规划

公司的发展策略与运作计划,一方面与公司所处的外部市场,特别是与公司对其提供的商品与服务的需要情况密切相关;另一方面,它还依赖于公司能否适应外界的变化,以及公司自身特定的经营目的。公司的岗位配置状况、员工的数量和结构,都是由公司的发展策略和运营计划所决定的。在公司选择实施扩张策略的时候,将来公司的岗位数量和员工数量必然会增多,在公司对原来的业务领域进行重新定位的时候,公司的岗位和员工组成也会随之进行调整。

3. 生产技术和管理水平的变化

在很大程度上,不同的生产技术和管理方法会对公司的生产过程和公司的组织模式起到很大的影响,也会影响到公司岗位配置的数目和结构。所以,一个公司在制造与经营上的重要改变,将导致公司内部的位置与人事状况也会发生很大的改变。随着公司采用更高效的产品技术,同等规模的市场需求,可能仅需少量的工人即可满足,而新的技术的使用也会对公司现有的员工进行更换。不过,新技术也会带来新的岗位需要,比如设计、维护等,这也会让某些类型的工作人员的数量有所增长。

很多因素都会对公司的人才需求产生影响,并且在不同的公司中,这些因素会产生不同的效果,即便是同一种影响因素,对人力资源需求的实际影响也有所差异,所以人才需求的预测应该从企业的发展情况出发,选出最重要的几个因素,并将它们对人才需求产生的现实效果进行分析,以此为基础,对企业的人才需求进行科学的预测。

(二)人力资源需求预测的方法

对人力资源需求进行预测的方法很多,但不外乎两大类:第一类是定量方法,包括趋势预测法、生产函数法、比率预测法等。第二类是定性方法,包括主观判断法、微观集成法、工作研究法和德尔菲法等。(图2-1)

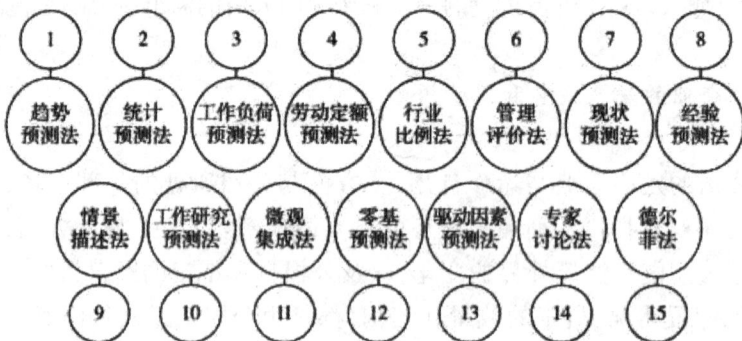

图 2-1　人力资源需求预测方法

下面介绍几种定性预测方法。

1. 主观判断法

在所有的预测方法中,主观判断法可以说是最简便的预测方式,是指管理者在过去的工作中,通过自身的工作经历,对人力资源影响因素的变动趋势做出主观性的判定,从而对企业人才的需要状况做出预估。在具体的运作过程中,通常会首先让每个部门的主管,以其部门在未来一段时间的工作量状况为依据,对所需人员进行预估,然后汇总到决策层及逆行权衡,最后才能对公司的人员数量做出决定。这个办法非常依赖于管理者们的个人经验,所以需要管理者们拥有广泛的管理经历。该办法适合于小型公司,或是经营环境稳定、人员流动不大的公司。

2. 微观集成法

微观集成法有"自下而上"与"自上而下"之分。所谓"自上而下",就是由组织的最高层制定出整体的人事规划和工作目标,并将其层层分解到各个特定的职能部门,进行商讨并加以修正,最后将相关的意见综合起来,反馈给最高层,最高层据此修正整体的规划,并将其公诸于众。所谓"自下而上",就是组织内的各部门在各自的发展需求基础上,对某一类人才的需求做出预估,并通过人力资源部对其进行横、纵两方面的综合,最终以公司的经营策略为依据,形成一个总体的预测方案。

3. 工作研究法

工作研究法是以对组织未来任务和组织过程的分析和判断为依据,它先对组织的岗位设置进行明确,之后以岗位责任为依据,对每个岗位工作量及对应的员工人数进行计算。工作研究法的核心在于对工作量进行计算并对工作职责进行划分,因此,一定要制定清晰的岗位说明书和明确的岗位招聘标准。

4. 德尔菲法

德尔菲法是一种结构化的方法,是指在一个特定的领域内,通过专家和资深的管理者从多个方面对问题进行深入分析,进而得出结论。举例来说,为了估算企业未来所需要的人力,企业可以从规划、人员、营销、生产及销售等各领域挑选一位管理人员来进行预测。德尔菲法,也叫专家评价法,它是一种用于倾听专家对一个主要技术问题的看法,并对其作出判断的方法。

二、人力资源供给预测

（一）人力资源供给分析

对于公司而言，人力资源供给的实质就是在公司的产品中进行的劳动力的输入，它由公司的劳动力总人数、单位劳动力的工作时间和标准劳动力的折算系数决定。所以，人力资源的供应预测指的是，对未来某个时期可以为公司供应的人力资源的数量、质量以及结构进行预估。在大部分采用了长期雇佣制度的公司中，人力资源供给有两种渠道，一种是外部供应，另一种是内部供应。与此相对应，人力资源供给预测也应从这两个方面入手。

1. 外部供给分析

所谓"外部供给"，就是企业能够从外面的劳动市场上获取的人才。除了有长期雇佣潜力的新员工之外，外部劳动力市场主要涉及的是组织中的次级部门，如体力劳动、钟点工、短工和季节性工等工种。对于有长期雇佣潜质的新员工，要通过一系列的培训，获得公司的信任之后，方可进入公司的内部就业市场。在此之前，他们同其他外来劳工一样，标准劳动力的折换系数都比较低。所以，对外部供应的分析，基本上就是对劳动力供应的数量上的分析。

在劳动力市场的供应中，供给主体和分析单位主要是家庭。家庭人力资源供给决策除了受劳动力的市场工资水平影响外，还受家庭休闲意愿的影响。综合来看，这些因素会构成一个总体的人力供应格局，只有在人力供应超过或者与人力需求相匹配的情况下，才能使大部分公司获得维持经营与发展所需的人力资源。当然，就一个特定的公司来说，一个家庭对其所面临的现实供应情况的偏好，也会对该公司的人力供应情况产生影响。所以，公司所处行业的发展前景或公司自身的竞争力，对公司人才供应的情况会产生较大影响。对供应产生影响的其他因素包括：整体经济情况、当地劳动力市场情况以及个人对工作的认识等。

2. 内部供给分析

所谓"内部供给",就是企业能够从内部的劳动力市场上获取的人才。在一个经济体中,一些重要部门的劳动者,比如具有技术的蓝领工人、大部分管理和专业技术人员等,他们的雇佣和薪酬并非受到外部劳动力市场的直接影响,而更多是根据公司的制度和习惯确定的,因此,它构成了一个与外界劳动力市场(普通意义上的劳动力市场)相隔离的内部劳动力市场,其主要特征表现为:长期雇佣,从外部劳动力市场进入企业的人口很少,按工作而非个人的生产率支付工资,以及内部晋升等。

进入了内部劳动力市场的劳动者,其标准劳动力的折换系数一般都在1以上,而且,当员工经受了专业训练、经验积累和技术提高,其换算系数仍会继续提高。在对新聘人员进行限制性约束的情况下,虽然劳动力的减少(如退休、生育等)和人员的离职会导致劳动力的减少,但劳动力的质量和水平有可能会提高,从而使劳动力的供应得到提高。所以,与外在的供应分析相比,内在的供应分析不但要对劳动力供应数量的改变进行考量,还需要对劳动力的能力和质量进行考察。

(1)内部劳动力市场劳动者人数分析

企业的内外部劳工数量,既依赖于新雇佣的外部劳工数量,也依赖于企业的内部劳工数量。在对新员工的数量进行了严厉约束的情况下,内部劳动力市场的人员供给状况,在很大程度上是由已存在的内部劳动力市场人员的数量及其变动情况所决定的。

企业内部劳动力的数量会随着企业员工的性别、年龄、体质等因素而发生相应的变化。举例来说,一家公司现在有30个58岁的男工,在两年之后,公司的内部劳务市场上将会出现30个人的缺口。企业内部劳动力市场上的员工流动状态分为两种:一种是企业内部员工的外流,另一种是企业员工的内部流动。企业员工外流有很多形式,如员工离职、被解雇等,员工的外流就是内部劳动市场的缩水。公司内部员工流动对公司特定部门、岗位的员工供应有重要的影响。对公司人员内部流动产生影响的因素,主要包括公司的绩效评估制度和结果,还有公司的内部晋升和轮换制度等。所以,内部劳动力市场劳动者人数的分析需要对员工的性别、年龄和身体状况、企业人员离职倾向、企业绩效考

核制度和结果、企业内辞退、晋升和轮换制度等因素的变化和影响加以
考虑。

（2）内部劳动力市场劳动者素质分析

当企业的内部劳动力数量不变时，企业员工质量的变动将对企业的
内部劳动力供应产生一定的影响。人才质量的转变主要表现为两个层
面：一是高质量人才所占比重的改变；二是员工整体素质的改变。不管
是高素质员工的数量上的增加，还是整体员工素质水平的提升，都会提
升公司的生产水平，进而调整公司的生产效率，增加公司内部劳动力市
场人力资源的供给，相应地增加公司人力资源的总体供应。对员工的
素质产生影响的因素有很多，比如，工资水平的提高、激励工资（包括绩
效工资、奖金、利润和股权分配计划）的执行，各种培训投入的增加等，
都可以帮助提高员工的质量。所以，在对人力资源的质量进行研究的时
候，一定要注意这几个方面的改变和作用。

（二）人力资源供给预测

对人才的供给进行预测，主要是为了满足公司在未来一段时间内对
人才的需要，从而对公司在未来一个阶段能够从其内外两方面得到的人
才数量和质量进行预测。它包括外部人力资源供给预测和内部人力资
源供给预测。

1. 外部人力资源供给预测

（1）影响因素

影响外部人力资源供给预测的因素主要有三个，即行业性因素、地
区性因素和全国性因素。

行业性因素具体包含以下几个要素：一是公司所在的行业的发展
前景；二是在该行业中，公司的数量、实力以及招揽人才的方式；三是
公司在该行业中所处的位置及其竞争实力等。

地区性因素主要有：公司的驻地和周围区域的人口密度、就业水
平、就业观念和教育水平，公司的驻地对人才的吸引力等。

全国性因素具体包含以下内容：对未来几年国家经济发展形势的
展望、全国范围内对各种工作岗位的需要、各类学校的毕业生规模和结

构,教育制度的改革对人力资源供给的影响,国家就业政策、法规的影响等。

(2)预测方法

第一,直接收集有关信息。企业可以对所关心的人力资源状况进行相关调查,获得第一手材料。

第二,查阅相关资料。国家或者某一地区的统计部门、劳动部门都会定期发布一些统计数据,企业可以通过这些现有资料获得所需信息。当今互联网的迅速发展使得相关信息资料的获得变得更加容易。

第三,对应聘和雇佣人员的分析。对企业已经雇佣或前来企业应聘的人员进行调查和分析,也可以对人力资源供给情况进行估计。

2. 内部人力资源供给预测

(1)影响因素

企业的人才战略及相关的经营手段对人才培养起着决定性的作用。对于人才,每个公司都会有着不一样的期待,有些公司会鼓励员工进行理性的流动,把更多的注意力集中在从外面引进成熟的优秀员工,希望能持续地为公司注入新鲜血液;有些公司想要的是可以长久保持的人才,他们试图用丰厚的薪酬、更多的训练和更大的发展空间来保证公司员工的稳定性。

(2)预测方法

第一,员工档案法。从员工进入公司之日起,人力资源管理部门就应当为其构建一份完整的个人档案,方便公司对目前哪些员工可以被晋升或调动做出判断。在职工个人档案中,应当记载以下几项:①职工的个人情况,如姓名、性别、年龄等;②员工的过往经历,包括先前的受教育、工作和培训经历等;③职工在本单位的工作经验;④员工在企业中的职位与报酬的变动,对其工作表现的评价,对其进行的训练的内容与成效;⑤人员的素质,即对其主要素质、业务素质、所获奖项、所获成绩等方面的考核与评判;⑥对员工进行职业发展计划,例如员工的职业发展目标与计划,职业兴趣等。

第二,人员接替法。很多公司的管理者都是从内部员工中晋升上来的,所以要找出几个重要的管理岗位上有可能的潜在的继任者,明确他们的潜在能力,并判断他们是否能够胜任工作,这就是所谓的人员接替法。

通常来说,在实践中,内部人力资源供给预测会采用多种预测方法,得出不同的预测结果,然后对这些预测结果进行综合分析,做出合理的预测。

第三节　人力资源规划的编制

一、人力资源规划的编制内容

人力资源规划的编制主要包括以下几方面内容。

(一)职务编制计划的制定

职务编制规划,要以企业的发展战略为依据,并与职务剖析的内容相联系。职务编制规划对组织结构、岗位设置、岗位描述和岗位资格要求等方面进行了说明,它的目标是描述出组织的功能规模和发展方式。

(二)人员配置计划的制定

企业人员的配置要依据企业的发展计划,并与企业的人事需求报表相配合。人员配备规划对公司每个岗位的人员数量、人员岗位变动、岗位人员空缺数量等进行说明,它的目标是要对公司未来的人员数量和素质组成有清晰的认识。

(三)人员需求的预测分析

即以职务规划和人员配备为基础,对各个部门的人员需求进行理性的预估,将在预期中所需要的职务名称、人员数量以及期望到岗的时间进行详尽的列举,最终构成一个包含员工数量、招聘成本、技能要求、工作类别的清单,也就是为实现组织目标所需的管理人员数量和层级的清单,并根据该表有目的地进行今后的人员补充规划。

（四）员工供给计划的确定

前面提到过,员工供给主要可以通过内部晋升和外部招聘两种方式来完成。在进行内部晋升时,需要企业的人事部对本企业中各个单位中的杰出员工进行全面的认识,包括具备晋升资格的员工的数量、整体质量等,还可以与各个单位的负责人进行联络,让他们进行引荐。在公司内部晋升过程中,无须进行企业文化建设,而获得晋升的人员则在很大程度上已经融入了企业文化;晋升能让员工获得一定程度的满足,从而更容易调动他们的工作积极性。从外面招募,虽然不如从内部提拔,但也并非完全没有好处,如若能从外面招募到好的员工,把他们留下来,最大限度地利用起来,那就更好了。在对供给现状进行确认的时候,要对人员供给的方式、人员内外的流动政策、人员获取途径和获取实施方案等进行详细说明,尤其是当前,一些特殊的人才已经出现了短缺现象,所以要对此进行全面的考量。

（五）培训计划的制定

对企业员工进行相关的教育和训练,是企业发展中不可或缺的一环。其目标,一是提高人才队伍的整体水平,使其更好地满足企业发展的需求;二是增强员工对企业经营理念和企业文化的认同,以及对企业的热爱。在培训方案中,培训政策、培训需求、培训内容、培训形式、培训效果评估等内容都要有具体的文件,既要有指导原则和方针,又要有具体的时限和可操作的内容。

（六）人力资源管理政策调整计划的制定

人力资源调整属于一种具有广泛影响的工作,它包含了招聘政策调整、绩效考核制度调整、薪酬和福利调整、激励制度调整、员工管理制度调整等多种方面。所以,在制订一份关于人力资源管理政策调整的规划时,应该对人力资源管理政策调整的理由、步骤和范围等方面进行详细的说明。

在制定人力资源成本预算时,要对成本有正确的认识,成本包括员工的招聘成本、员工的培训成本、工资成本、劳动保障成本等。一个详尽的成本预算可以让企业的决策者清楚每种资金都用在了哪里,从而可以更方便地获得相关的费用,并进行人事调整。

任何一个企业都会遭遇诸如招聘失败、新政策导致的员工不满意等问题,而这些问题往往会对企业的运营产生不利的后果,严重的还会给企业带来灭顶之灾。风险分析指的是通过风险识别、风险估计、风险驾驭、风险监控等一系列工作,来预防风险的发生,并针对潜在的风险,制订相应的应对措施。

二、人力资源规划的编制流程

（一）预测和规划组织内部未来人力资源的供给

通过对企业内已有的各类人才的数量进行精确的计算,并与企业在一段时间内的人才流动相比较,就可以对企业在今后一段时间中所能够获得的各类人才的数量进行准确的估计。

1. 现有人力资源的预测

现有人力资源预测基于以下信息:组织内各类人员的基本信息,如性别、年龄、学历、工作履历等;员工的技能水平,包括知识、技术、工作经验、发明、创造,以及发表的学术文章或获得的专利等;员工的潜能,包括个人的发展目标、工作的兴趣和爱好等;组织内现有各职位所需的知识和技巧,以及每一阶段的认识变化。

2. 人力资源流动情况的分析

在一个组织中,现存人员的变动可以分为以下五类:①保持原有职位不变;②并行职位变动;③组织内部晋升或调降;④离职或从该机构中被除名（外派）;⑤退休,因受伤或疾病死亡。

当前,国内外各组织对本组织的人力资源供给的预测,是根据对本组织各部门的管理人员在过去相关工作岗位上的调入和调出的数据,以及在本单位工作变化的数据来进行的。基于这些内容，人力资源规划人员就可以对组织内现在或将来某一期间可提供的各类人才的数目进行预测。该模型适合于在环境比较平稳的情况下进行短期预测。

（二）人力资源的需求的预测

对本组织在未来一段时间的人力资源供给进行了预测和规划以后，就需要按照组织的战略目标，对本组织在将来的某个阶段对各类人才的需求进行预测。对于人才的需求预测，可以按照公司每一阶段的发展情况，采取多种预测方式。

（三）人力资源的供给与需求比较

制定人力资源规划的第三个步骤就是将本组织需要的人力资源的数量和在同一时期之内可以提供的人力资源的数量进行比较和分析，通过这种比较和分析，就可以计算出不同类型的人力资源的需要数量。在进行比较分析的时候，不仅可以计算出在未来的一段时间里人员的不足或过量，还可以对某一特定岗位上的员工的剩余和空缺状况进行详细的了解，然后根据实际情况有针对性地引进或培训相关人员，从而为制定相关人事管理策略和措施奠定基础。

人力资源供给与需求的比较是企业人才战略中最为重要和困难的一环，它将影响到企业人才培养计划的成败。在对人力资源供需关系进行分析的基础上，提出相应的人力资源管理对策。在对人力资源需求进行预估的时候，公司应该以历史数据、销售量、营业额、生产定额、直接生产人员与间接生产人员的比例等为依据，并对公司将来的运营进行预估；对人员供应状况的判断，需要内部和外部两个角度入手。与此相比，对公司的内部人力资源供给预测能更大程度上满足企业的人员需求，但是由于受到了多种环境因素的影响，对于公司的外部人力资源供给预测就常常不容易被精确地掌握。

（四）人力资源规划的制定

完成前面几个步骤之后，人力资源管理部门就可以着手进行公司的人力资源规划了,其中既有公司的总体规划,也有针对公司各项业务的计划。在制定相应规划的时候,需要特别强调,企业的人力资源规划应与企业的内外部发展协调一致。外在的一致意味着,在组织整体计划中,人力资源计划应当作为组织整体计划的一部分;内部一致是指招聘、选拔、任用和培训等业务方案的制定,应当相互配合,这样才能达到对组织人力资源的整体规划。

(五)人力资源规划执行的监控

在执行人力资源规划的时候,由于计划与实际之间会产生一定的差异,因此,为了确保人力资源规划可以被高效地实施,预防执行过程中的突发状况,就需要对人力资源规划的实施进行必要的监控。例如,时事政策和产品市场环境的改变,都将对人力资源规划的实施产生一定的影响。所以,进行高效的监控,对公司实施人力资源规划是非常有利的。

(六)人力资源规划的评估和调整

人力资源规划执行的效果可以通过多个方面来体现,比如,是否降低了企业的成本,是否增加了企业的业务或产出,是否降低了职位的空缺数目,以及是否缩短了职位空缺的周期。当一个公司的某个职位出现了很长时间的空置或者出现了很长时间的人才短缺,并且没有能够得到足够的人员补充的时候,这个公司的人力资源规划就必须做出相应的调整。

对人力资源规划进行评估,一是在执行的时候,要不断地依据内外条件的改变,对人力资源的供需预测进行修改,并采取相应对策,以达到均衡供需的目的;二是要评价预测的效果和所制订的对策,来度量预测的精确度和对策的效果,发现问题并总结可资参考的地方,为今后的规划工作做准备。

第四节　人力资源的业务规划

一、招募规划

招募规划是指根据所需人员的数量和质量,制订适当的招聘计划,一般是一年一次。具体的工作主要有:可以从内部提拔和调动的人员数量,需要从外部招聘的人员数量,招聘时间和方式的确定,招聘人员来源的确定,招聘人员的经费预算等。其招聘程序为:

第一,以对未来人力资源的预测为基础,构建出一个招聘计划,具体内容包含:在该组织中,目前的人力资源数量、质量和结构现状与决定招收的人力资源的数量、质量和结构的对比等。

第二,制作招聘材料,并对员工进行训练。例如工作说明书(职责、性质、内容等),个人情况(生理、心理状态)等。

第三,建立招聘通道,包括广告招聘、人才招聘会、校园招聘、就业服务机构、网络招聘、员工举荐、亲属推荐和自荐等。

二、甄选规划

甄选就是从众多候选人中挑选出最符合企业需求的,也就是企业挑选候选人的过程。甄选是在公开招聘后进行的一项工作,目的是对候选人的个人信息和个人能力进行评价。企业需要对员工进行充分的评估,以确保对员工的满意度。虽然由于组织的大小、用人理念和工作类型的不同存在不同,但人员甄选的程序是大同小异的。

(1)确定甄选时间。一般来说,公司甄选人才的时间大多集中在春季,这是由国家相关政策、劳动力市场特点以及相关产业特性决定的。

(2)选择甄选方法。即通过笔试、口试、心理测验、测评中心等方法选拔人才。

(3)审查应聘者资料。

（4）考试。比较客观地了解应聘者的知识技能、心理等情况。

（5）面试。进一步获得应聘者的其他非智力因素，以全面考察应聘者的状况。

（6）体检。根据工作性质不同作相应的检查。

（7）发出录用通知。

（8）试用考察。一般为3个月，个别为6个月。

（9）正式录用。由主管部门对试用期绩效进行评估，合格即可转正。

三、培训开发规划

培训开发规划旨在为企业中长期需要填补岗位缺口预先配备人手。在对员工进行训练时，应该根据公司的经营需求以及公司的战略目的，从以下几个方面展开：新入员工的培训；专业员工的培训；部门负责人的培训；普通人员的培训；人才选送进修计划。以能力开发为主的层级培训如表2-1所示。

表2-1　以能力开发为主的层级培训表

层级		培训的重点	
管理层	最高管理层	战略决策能力	策划能力
	中级运作层	管理决策能力	沟通能力
	现场监督层	业务决策能力	合作能力
基层（职员、操作工）		技术能力	执行能力

四、晋升规划

对于一个公司而言，有计划地提拔人才，使之符合更高级别职位需求，是公司的一项主要功能。对有才能的人员进行提拔，可以最大限度地激发出员工的工作热情，发挥出人才的最大动力，实现人才的最大效用。其中，工作年限、工作经验、工作成就、潜在的学习性是员工提升计划的重要因子。晋升方法包括以工作业绩为衡量标准的功绩提拔制度、不受资历约束的具有特别才华和贡献的越级提拔制度、以工作年限为基础的年资提拔制度，及以工作年限为基础的考试提拔制度。晋升规划是人力资源管理最重要的职能。

一般来说，人力资源晋升规划主要经过以下步骤。

第一，确定空缺的职务。每个单位每年都要对人才供需情况进行一次分析，并对对应岗位的供需情况进行分级分析。

第二，建立公司的晋升策略及准则。针对职位所需的技术和管理才能，为其单独设定相应的任职条件和晋升准则。

第三，制定提升步骤。首先是发布信息，公开招聘职务的要求和招录应聘人员；其次，根据情况，选择合适的岗位人员；再次，让晋升的员工到新岗位进行试用，一般来说，试用期为三个月；最后，根据试用期的表现与成绩决定是否正式任用。

晋级制度必须是公平、公正的，它必须符合公司的战略需求，结合员工的职业发展，并且要与公司的发展和公司的运营计划联系起来，这样就可以推动公司的发展。

五、人员补充规划

编制人员补充计划时，要明确不同级别的人事空缺的条件，如资历、培训、年龄等。人员补充规划旨在使企业在中期和长期发展过程中，对空缺岗位进行合理的安排。人员补充规划与员工晋升规划之间具有非常紧密的关系。在晋升计划的干预下，工作岗位的空缺逐渐向级别较低的职位转移，最后就会更多地体现在低级别的需求上。但这也意味着，对于低级别的人员的招募和录用，需要考虑未来他们成长起来以后的任用问题。

六、职业生涯规划

作为一项系统的、动态的工程，职业生涯规划将职业发展目标定位、成长机会、职务提升、竞聘等每一个时期所积累的知识与经历融为一体，是以自身情况、企业战略、外部环境等为基础，对每个时期的职业目标进行界定，并对其进行合理的安排，从而制定出一套行之有效的发展战略。从个体的层面上来讲，职业生涯规划的功能就是让我们建立一个清晰的人生目标和计划，让我们认识自己，为自己的发展和未来做好准备。与此同时，个人要以这个人生目标为中心，持续地学习，提高自己，从而达到自己的事业目标,并帮助公司发展,与公司迈向共赢的发展之路。从企业的层面上来讲,职业生涯规划是企业帮助员工明确职业目标和职业发展路径,从而能够最大程度地激发员工的工作热情,充分地将他们的才能与潜力释放出来,在关注员工成长与发展的同时达到企业的发展目标。

职业生涯规划需要采用科学的方式,不能盲目地从众,在进行职业生涯规划的时候,员工需要对自己职业发展的内外部环境以及自身的情况有一个清晰的了解,以便对自己的职业发展进行准确的定位,为个人和公司的利益实现共赢做出努力。多维度的评价方式非常重要,它涉及了内外部评价和个体评价。其中,外部环境评价指的是,在员工的职业生涯计划过程中,员工所处的政治、经济、社会、技术以及企业的政治生态等可能影响员工职业定位和发展的环境因素。可以使用 PEST 分析模型,对外部环境进行剖析,让他们对自己所处的外部环境的需求有一个清晰的认识,从而强化个体的知识和素养,以便更好地与外部环境相匹配。

外部评价之外,个人还必须客观全面地评价自己的职业状况,以便把握自己的职业生涯定位与公司的人才需求发展的趋势之间的关系,预测自己的职业生涯与实际之间的距离,从而做出有意义的补充。在实际的运作过程中,可以每年进行一次评价和调节,保持大的趋势不变,并在小的方面进行适当的调整。还可以使用 SWOT 分析方法,对个人的情况展开多维度的评价。通过对自己的职业发展路径进行准确的规划,让现代化公司的员工能够实现自己的职业生涯规划,达到个人和公司发展的双赢,促进双方的共同成长。

第三章

组织体系

第一节 人力资源管理战略、流程与组织

一、组织的基本概念

组织就是为实现某种具体的目标,通过分工合作以及具有一定层级的权力和职责系统,而形成的一种人的组合。也就是说,一个企业要目标明确、分工明确、权力分配合理。企业是一种组织,学校和家庭也是如此。我们所处的这个时代充满了各种各样的组织,它们无所不在。

企业是一个以赢利为目标,并且总是在不断地寻求最大利益的组织。为了达到组织的目的,组织中的所有人都要有明确的分工和相互的配合,在员工之间的关系、职责范围、权力、地位、层级等方面,应遵循一些基本的原理。

组织设计指的是一个构建或改进公司组织的进程,它包含了对公司的活动架构和组织结构进行的设计和重新设计,它是一种把任务、流程、权力和责任进行高效地结合和相互配合的活动。

通常来说,组织设计要遵循如图 3-1 所示的基本原则。

原则	说明
战略导向原则	战略实现以组织为载体，战略为组织设计提供宏观方向。良好的组织设计应该能够引导员工行为，实现员工与组织协同成长
专业分工与协作原则	企业管理工作量大、专业性强。专业分工利于管理工作质量与效率的提高；各专业部门的协作则是工作顺利开展、实现组织目标的保证
统一指挥原则	员工只能接受一位上司的领导，每个员工应当且只能向一个上级主管直接汇报工作，以此避免工作的混乱
集权分权相结合原则	组织设计要有必要的权力集中和必要的权力分散。集权有利于企业的统一领导和人财物的合理调配。而分权则能调动下级积极性、主动性，有利于基层根据实际情况迅速而正确地做出决策，也有利于领导集中精力抓重大问题
权责利对等原则	权责利对等是组织正常运行的基本要求。职权是权力；与其对应的是职责。权小于责，则任务无法完成；权大于责，则会导致权力滥用；承担责任就要给予相应的利益。组织设计要做到责权对等，职责明确，分配公平
有效管理幅度原则	有效管理幅度是决定企业管理层次的一个基本因素。一名领导人的精力是有限的，其管理幅度应控制在一定水平，以保证管理工作的有效性。在确定企业的管理层次时，必须考虑到有效管理幅度的制约
资源约束原则	组织结构受资源的约束，为了使组织更有效率，组织结构和外部环境及内部资源必须是"最佳适应状态"。企业必须根据自己的资源，把握自己的核心竞争力，确定企业的核心业务工作内容，建立自己的组织结构

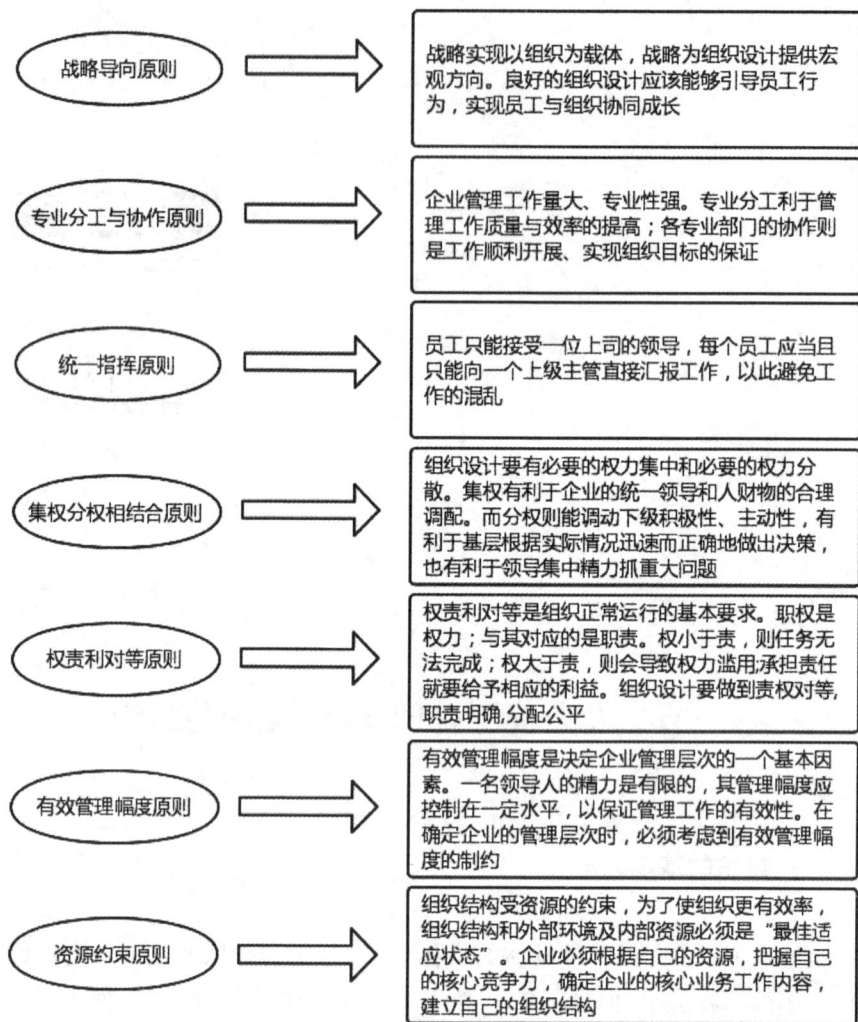

图 3-1　组织体系设计需要遵循的原则

提到组织设计，我们需要明确两个概念，即管理层次与管理幅度。

管理层次是指从最高管理层到具体工作人员之间的层级数量。影响管理层次的因素有专业化程度、组织规模等。

管理幅度是指管理者直接指挥的下属的数量。影响管理幅度的因素有管理者的能力、下属的综合素质等。

图 3-2 所示的公司的管理层级有四级，总经理—部长—主任—员工，总经理的管理幅度为 7 个，即 1 个副总经理和 6 个部长。

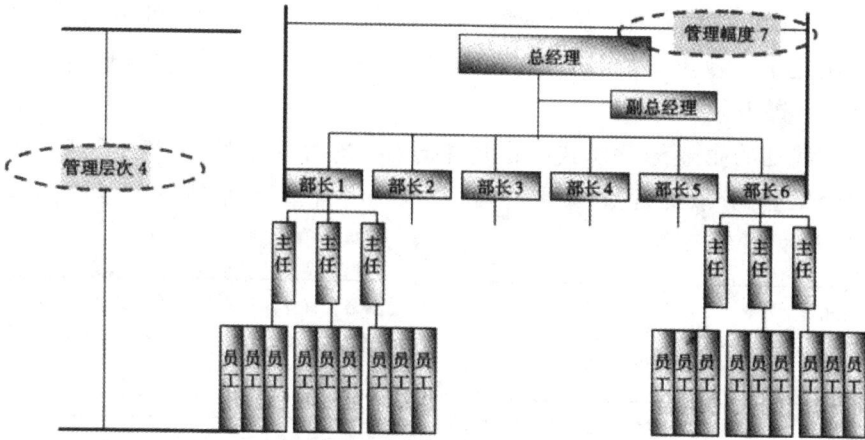

图 3-2　某公司的管理层次与管理幅度

二、战略、流程与组织的关系

组织结构是为了帮助公司合理运营而设置的,这一过程的实现也是为了帮助公司发展战略的实现。因此,组织结构是指为了达到公司的目的,而建立的一个涵盖信息沟通、权利分配、职责分工、人员分工等的系统,而公司发展战略应当是组织设计的出发点。

战略、流程和组织之间的关系如图 3-3 所示。

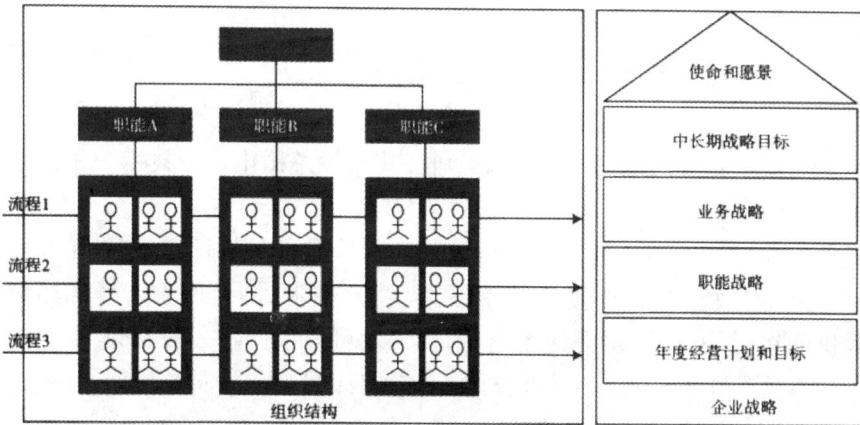

图 3-3　战略、流程和组织的关系

不同的经营战略,在企业的运营中也会表现出非常大的差异,同时也决定了企业不同的经营模式;而不同的经营模式又导致企业的组织结构千差万别。

常见的企业经营模式有市场主导型、技术主导型、生产主导型、横向分工型、分散经营型、集中经营型、混合经营型、分层管理型等八大类(图3-4)。

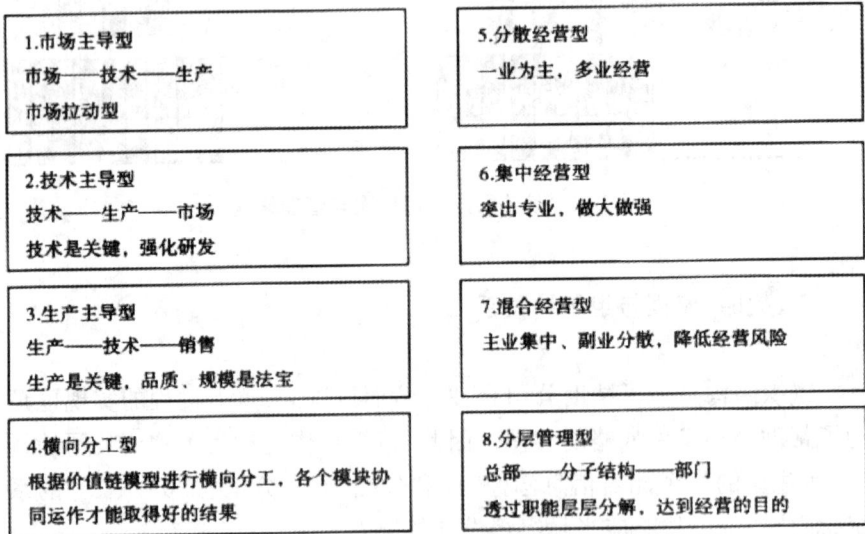

1.市场主导型 市场——技术——生产 市场拉动型	5.分散经营型 一业为主,多业经营
2.技术主导型 技术——生产——市场 技术是关键,强化研发	6.集中经营型 突出专业,做大做强
3.生产主导型 生产——技术——销售 生产是关键,品质、规模是法宝	7.混合经营型 主业集中、副业分散,降低经营风险
4.横向分工型 根据价值链模型进行横向分工,各个模块协同运作才能取得好的结果	8.分层管理型 总部——分子结构——部门 透过职能层层分解,达到经营的目的

图3-4　常见的企业经营模式

（一）市场主导型

大多数企业属于市场主导型企业,其一般遵循市场—技术—生产这一生产经营的模式。

市场是这一类型的公司进行生产经营的起点和落脚点,特别是在竞争激烈的环境中,只要重视技术改造、技术进步,持续地为市场和用户提供适销对路、质优价廉的新产品,公司就可以保持长久的繁荣。

不管是在生产上,还是在技术上,它们都有一个共同的目标,那就是向市场供应一种质量好、价格低、流通性强的商品,从而提高企业的适应能力和竞争力,确保企业的经济效益能够长期稳定地提升。

（二）技术主导型

技术主导型企业一般多为科研型企业或研究开发型企业,其遵循技术—生产—市场的生产经营模式。

与市场导向型的企业不同的是,技术导向型企业是在预期的基础上,系统地研发出新的商品,再以新的商品开拓出新的市场,促使用户产生新的需求,生产和用户在这里都是一个从属的角色。与以产品为主体的公司不同,这类企业以其优秀的创意和卓越的品质和表现来赢得市场。

在以技术为导向的公司中,技术研发的组织和经营是最重要的。要想在市场上取得技术的优势,就一定要拥有新技术的技术产权,防止技术的创造者和发明者流入到其他公司,并且要尽可能快的将新技术和新产品转化为技术专利和特许权。

（三）生产主导型

生产主导型企业通常遵循着生产—技术—销售的生产经营模式,这种模式侧重于产品的制造和技术创新,并通过销售实现产品的交付和市场推广。生产是生产主导型企业的核心活动,注重提高生产效率、降低生产成本以及确保产品质量。技术创新和研发是企业发展的重要支撑,企业通常会投入大量资源用于产品研发、工艺改进和制造技术的提升。销售是把产品输送至市场并实现盈利的关键环节。企业会根据市场需求和竞争情况,制定销售策略以促进产品的销售和市场份额的提升。

在这种模式下,企业通常会注重技术研发与创新,通过持续不断地改进产品和制造工艺来提高市场竞争力。销售团队需要紧密配合生产团队,将产品推向市场并寻求最大化销售额。同时,技术团队需要了解市场反馈和销售需求,以指导未来的产品研发方向。

然而,这种模式也可能导致技术创新与市场需求之间的脱节,导致产品过度侧重技术而缺乏市场竞争力。因此,在实施这种经营模式时,企业需要平衡技术创新、市场需求和生产效率间的关系,以期实现全面的企业发展。

（四）横向分工型

横向分工型一般是根据不同的专业来分工。只有通过明确的专业划分，工作的质量和效率才有可能得到大幅度提升，但是如果划分得太细致，就会导致流程变得更加复杂，需要更多的配合，从而产生出一种大家都在关注却又都没有关注的"管理空白"，进而影响工作的质量和效率。所以，分工应当适当，而不是越细越好。关于这一点，主要就是看管理者的工作是否能够得到改善。

（五）分散经营型

分散经营型企业是指一个公司或组织在不同地理位置、行业或业务领域拥有多个独立经营实体或部门的组织形式。这种组织形式通常具有以下特点和优势：

第一，通过分散投资于不同行业或地理位置，公司可以降低风险，因为一个领域或地区的问题不会立即波及到所有的经营实体。

第二，每个独立经营实体都可以根据特定市场和需求做出灵活调整，而不会受到其他业务的限制。

第三，可以在不同地理区域拓展市场占有率，提高公司在不同市场的知名度和地位。

第四，允许每个地区或行业进行本地化的人力资源招聘和管理，更好地满足当地市场的需求。

不过，分散经营型企业也面临着一些不足：

第一，不同地区或行业的业务需要大量的时间和精力进行管理，需要建立高效的协调机制。

第二，分散经营往往需要额外的成本用于各种管理、协调、沟通、信息系统等。

第三，如何在多个地区或行业推行统一的战略和价值观可能是一个挑战，需要更好的战略规划和执行。

因此，分散经营型企业需要在适当考虑多元化带来的益处的同时，注重加强内部协作与合作，实现各业务之间的协同发展，并提高整体的竞争力。

（六）集中经营型

集中经营是指把所有的管理功能都放在工厂总部，并在公司层面上通过各个功能单位进行管理；公司下面的各个生产部（分厂、车间）只是纯粹的生产部，没有经营功能。

以下两种类型的企业适合集中经营：

第一，对于那些生产种类单一，管理工作相对简单的公司，他们不需要将运营功能分散开来。

第二，进行单一经营，或兼有与生产过程密切相关的副产品，但都是高度连续化的企业，例如钢铁联合企业、有色金属冶金企业、发电厂等。

他们的主要产品，不论规模有多大，都必须统一管理。唯有通过对其进行统一管理，方能有效地确保在全公司的区域内对各生产单元和生产环节的行为进行统一调度，方能有效地确保对进入生产的各种资源、生产能力以及生产过程中产生的各种可资使用的物质得到最大程度的发挥，方能有效地确保企业的总体效益得到提升。

（七）混合经营型

混合经营型企业怎样"集"又怎样"散"，则要依据企业的实际运营而定，大致可分为两类：

第一，企业的经营方式是集技术和产品于一体的多元化经营。因为企业的下属单位所拥有的产品有很大的差异，所以需要对利润进行单独的会计处理，对其经济效益进行量化，从而充分地发挥它们在公司经营中的积极性和能动性，这就要求总部授予各下属单位一定的经营权。与此同时，因为各个单位的经营领域之间有很大的联系，所以，公司还需要对一些经营职能进行整合，比如研究开发、市场营销、物资采购等，以防止各个单位的业务重复，资金分散，以及相互竞争。

第二，在原有的生产工艺保持不变的前提下，公司的业务范围扩大到了上下游。在这样的情况下，那些与原有产品和市场关系密切的部门，其所要承担的责任也就越大；而对于联系不紧密的从属部门，它们的经营职能应该更加全面一些。

（八）分层管理型

分层管理型企业是指将生产管理功能在厂部、分厂、车间、班组等纵向各层级进行了科学的分配，使其能够对生产管理功能的各种业务进行整合，从而达到既有适当集中，也有适当分散。其垂直的生产经营功能分为以下几个方面。

第一，公司的经营管理工作，以总公司为中心，包括生产计划、材料供应、备品备件供应、厂内外运输、安全环保、能源供应、设备管理等，均为总公司统一管理。

第二，机关面向基层，为生产现场服务。在将大部分的经营和权力都交给了总工厂的时候，公司也非常重视总工厂各个功能单位都要面对的最基本问题，为他们的产品提供最直接的服务。比如，从采购、运输、储存，到发放，都是由工厂的后勤部门进行统一的安排。后勤部门下属有多个补给点，这些补给点要根据各生产厂家的要求，及时、按质、按量地将产品提供给各生产厂家。

第三，分层管理型企业把工作重点放在对企业的经营和管理上。因为经营工作由总公司的各专业职能部门统一负责，所以各部门不必建立一个庞大的组织。

第四，从基础上，把工作的重点放到生产车间，采取"工头为主"的管理体制。对工段负责人进行授权，给予工段负责人更大的权力。除了生产领导权之外，还拥有人员的调配以及奖励与惩罚的权力，这样就使工段负责人不仅是生产的指挥员，同时也是一线的管理者，他要承担起设备、现场、安全、士气、质量、产量、成本、工艺交货期等各项工作。

三、职能型组织与流程型组织比较

目前在组织发展的过程中，组织类型有两种，一种为基于职能的组织，另外一种则强调流程，即流程型的组织，二者的优缺点如下所示。

（一）职能型组织的优缺点

职能型组织的优点如下所述。

第一,拥有一个清晰的管理系统,由上级对下级进行监督和管理。

第二,决策比较集中,能够较为迅速地对内外部的变化作出反应。

第三,严格的行政系统,让员工在工作习惯上很容易统一。

第四,对员工的素质要求相对没有那么严格。

职能型组织的缺点主要表现在以下几个方面。

第一,重心失衡,员工们把注意力集中在"领导"上,忽视了"顾客"。

第二,对外多点接触:忽视水平过程的连接和管理,造成了顾客的不满。

第三,不完善的协作机构:多个部门权责不明,相互推诿责任。

第四,机构的官僚主义:管理机构众多,层级重叠,需要大量的协调工作来进行内部的相互配合,管理费用增加。

第五,缺乏弹性:制度过于死板,不能根据情况的改变作出调整。

第六,多层面的信息传播,导致了消息的扭曲。

第七,权力过度集中化。

第八,文化"一元":由体制造成的"官本位"、中间层级的矛盾冲突造成的内部摩擦、职业发展的受限、缺少学习和创造的动力。

(二)流程型组织的优缺点

流程型组织的优点如下所述。

第一,工作流程清晰,上下游工作关系明确。

第二,清晰的权力分配,让底层的员工可以积极地参加公司的决策,从而提高公司决策的成功率。

第三,突破了以各部门为核心的工作界限,提高了工作的效能。

第四,以客户为导向,让员工在工作时"眼睛向外",把客户需要作为工作原则。

第五,实现了企业的扁平化,减少了企业的管理层级,降低了企业的经营费用。

流程型组织的缺点主要表面在以下几个方面。

第一,决策过于零碎和缓慢。

第二,以团体为基础,而不是以个体为基础,需要更高素质的员工。

第三,不同的企业环境,使得企业在经营上更加难以统一。

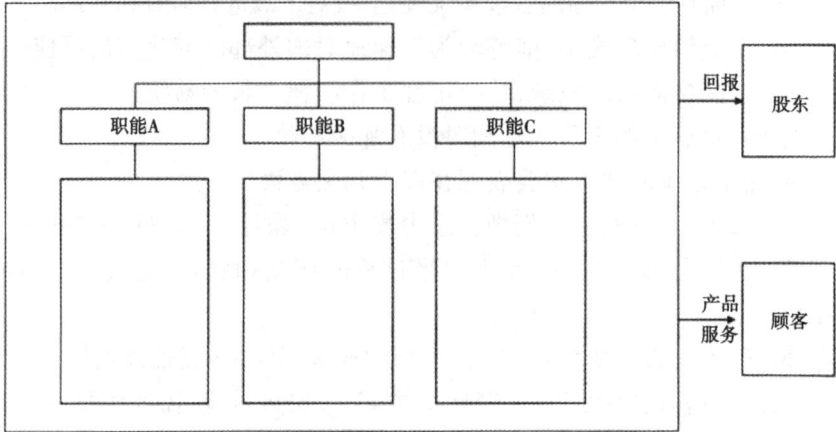

图 3-5　职能型组织示意

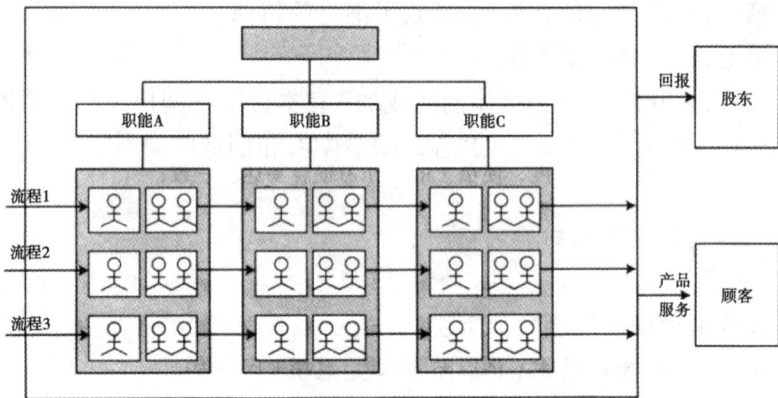

图 3-6　流程型组织示意

四、企业组织设计需要综合考虑的因素分析

(一)组织设计与公司战略

公司战略通常可分为低成本战略、差异化战略和集中化战略三种,三种战略选择对组织的要求是不同的,具体如下。

1. 低成本战略影响下的组织特征

（1）在低成本战略中,会强调清晰的职责分工和责任,以确保资源的高效利用。

（2）低成本战略通常会强调中央集权,以实现统一的成本控制和资源分配。

（3）低成本战略的核心就是严格的成本控制,以确保企业在各项活动中尽量减少费用支出。

（4）实施标准操作程序有助于提高生产效率,并降低不必要的浪费,从而降低成本。

（5）低成本战略通常需要高效的资源获取和营销系统,以确保最小限度的投入获取最大限度的收益。

（6）低成本战略可能会采用基于定量目标的激励体系,以激励员工节约成本,提高效率。

（7）在低成本战略下,会对成本进行密切监督,并对员工授权进行一定限制,以确保成本控制的有效执行。

（8）低成本战略通常需要经常和详细的控制性报告,以及时发现问题并进行纠正。

2. 差异化战略影响下的组织特征

（1）差异化战略通常侧重于创新和个性化,因此组织内通常采用更加灵活自由的管理模式,增强部门间的协调性,以应对不同的市场需求和变化。

（2）差异化战略通常需要产品创新和市场定制,因此组织重视研发部门,并注重与营销部门密切协作,以确保产品符合市场需求。

（3）在差异化战略中,通常会更加关注员工的创造力和贡献度,更倾向于主观评价和个性化激励,而不只局限于定量指标。

（4）差异化战略通常培养开放、包容的工作环境,鼓励员工创新和灵活性,给予更多的自主权和授权,以激发创意和创新。

3.集中化战略影响下的组织特征

（1）集中化战略通常强调高层领导对重要决策的指导与控制,并将下属决策与特定战略目标紧密结合,确保整个组织朝着统一的目标发展。

（2）在集中化战略下,奖励和报酬制度通常会与客户关系及销售绩效挂钩,以激励员工更好地服务客户、满足客户需求,从而实现整体销售目标。

（3）集中化战略通常会关注服务和维护成本,从而确保服务水平的提升和客户满意度的最大化。

（4）集中化战略常常会强调客户忠诚度,期望通过服务质量和关怀来增加客户忠诚度,以维持长期稳定的客户关系。

（5）在集中化战略下,通常会强调员工与客户接触的管理与授权,确保员工在客户互动中能够传递一致的信息和价值观。

（二）组织设计与公司经营环境

在进行组织设计的过程中,设计者需要对企业所处的外部经营环境、竞争态势、优劣势进行细致分析,以便确定满足经营环境变化需求的组织结构。

在进行公司经营环境分析的过程中,经常会用到波特五力分析、PEST分析、行业竞争结构分析等工具。

（1）波特五力分析是由著名管理学者迈克尔·波特提出的一种竞争环境分析方法,它包括了以下五个方面的力量：

竞争者之间的竞争：这是指来自行业内现有竞争者之间的竞争程度。高度竞争的行业通常会对行业整体利润率产生压力。

新进入者的威胁：指新公司或者新产品对已有公司的地位构成的威胁。如果市场容易进入,就会出现新公司的威胁。

替代品或服务的威胁：指不同种类的产品或者服务可能对已有产品或服务构成威胁。如果存在替代品,价格就会受到限制。

顾客的议价能力：指顾客对价格和质量的敏感程度。如果顾客的议价能力强,企业就会处于不利地位。

供应商的议价能力:指供应商对企业的影响以及他们对价格和质量的敏感程度。如果供应商的议价能力强,企业就会处于不利地位。

（2）PEST分析是一种常用的宏观环境分析工具,用于评估和理解一个企业或行业所处的政治、经济、社会和技术环境。PEST分析包括以下四个方面:

政治因素（Political Factors）:政治因素涵盖了国家政府对企业活动的影响,如政府稳定性、税收政策、就业法规、贸易限制等。这些因素对企业的经营和发展具有重要影响。

经济因素（Economic Factors）:经济因素考察了宏观经济环境对企业的影响,包括通货膨胀率、汇率变动、国内生产总值(GDP)增长率、利率水平等。这些因素决定了企业市场需求、成本结构以及利润能力。

社会因素（Social Factors）:社会因素包括人口结构、教育水平、文化价值观念、生活方式等。这些因素对企业的产品定位、市场需求和劳动力资源的供应具有重要的影响。

技术因素（Technological Factors）:技术因素主要考察了科技发展对企业的影响,包括新技术的应用、创新能力、知识产权等。这些因素对企业的竞争力和产品研发提供了重要支持。

通过对这四个方面进行分析,企业可以更全面地了解外部环境对其业务的潜在影响,帮助企业及时调整策略,应对外部环境的变化,从而更好地把握商机和风险。

（3）行业竞争结构分析通常包括以下几个方面的内容:

第一,行业内现有竞争者的数量和规模:分析行业内已有竞争者的数量和规模,了解市场集中度高低,以及主要竞争者之间的地位和实力。

第二,行业进入壁垒:评估新进入者进入该行业所面临的障碍,包括资金需求、技术门槛、法律法规限制等,以及现有竞争者对新进入者的反制措施。

第三,产品差异化程度:了解行业内产品或服务的差异化程度,以及不同竞争者之间在品牌、质量、功能、定价等方面的差异化竞争策略。

第四,供应商和买家议价能力:分析行业内供应链的议价能力,探讨供应商与企业之间的关系以及对成本和质量的影响;同时考察买家对价格和质量的敏感程度,以及其对企业的影响。

第五,替代产品或服务的威胁:评估替代产品或服务对行业的影响,包括替代品的价格、性能、成本等因素,以及对已有产品的取代潜力。

总而言之,企业可以利用上面的分析工具,对目前所处环境进行细致分析,从而得到企业目前所处环境的现状,另外,外部环境是时时刻刻都在发生变化的,这就需要企业适时地调整自己的组织结构。

(三)组织设计与企业文化

企业文化就跟人的性格一样,是千差万别的。文化体现在企业的方方面面,这就要求企业在进行组织设计的时候考虑其与文化的统一,以免造成文化倡导的理念与组织设计理念不一致,甚至背离的现象出现。表3-1清晰地描述了不同文化背景下组织设计需要重点考虑的问题。

表3-1　不同文化定位下的组织设计

文化定位	文化特征	组织设计考虑重点
企业家领导下的企业家群体文化体系	借鉴美、日、韩等国家的企业文化先进经验,结合中国海尔、联想、华为、万科的实践;展现企业家的价值取向、道德情操、睿智胆识,突显企业家的形象力和感召力;建立企业家群体文化的优势	(1)集权 (2)管理层级设计
以人为本的全员资质文化体系	遵循"以人为本"的原则,着重挖掘员工的潜能;增强企业的凝聚力,提高员工的忠诚度,激发员工工作的积极性、创造性和团队协作的精神,激活企业内部驱动力	(1)员工学习与成长 (2)强调员工个人的主动性和创造性
以客户为中心的服务文化体系	树立"客户至尊""超越客户期待"的服务观念,规范员工的服务礼仪;丰富服务手段,提升服务质量,完善服务系统,疏通服务渠道,提高企业在社会的亲和力和美誉度	(1)强化市场服务部门的职能 (2)建立以客户服务为导向的流程体系
以企业形象战略为重点的形象文化体系	整合或重塑企业形象,制定先进的企业理念和操作性强的行为支持体系,以文化提升企业形象的附加值,增强企业形象的亲和力和感召力,提升企业的知名度和美誉度	强化企业形象、产品形象,凸显市场部、品牌管理部门的作用
以科技开发为核心的企业文化体系	突显以"市场促进科技开发,科技开发引导市场"的观念,培养和提升员工的科技领先的意识;体现企业尊重知识、重视人才的思想,集合人才资源,建立一种科研型和创新型的团队	(1)强化新产品研发和技术改进部门的作用 (2)培养员工创新意识

文化定位	文化特征	组织设计考虑重点
以市场为中心的企业营销文化体系	确立以"市场为导向,顾客为中心"的现代营销理念,树立员工的市场观、竞争观和服务观,提升员工把握市场的技能;优化和完善营销体系,制定销售方略,不断扩大市场的份额和占有率	(1)强化市场部门、销售部门的职能 (2)建立以市场为导向的业务运作体系
以质量为根本的企业文化体系	宣贯"质量是企业的生命"和"质量是企业的衣食父母"的观念,将文化管理渗入质量管理之中,不断提高员工的质量观和全员质量意识,严格遵守国际质量认证,全面提升产品质量	(1)强调全员参与质量提升 (2)强化质量管理、质量控制部门的作用
以生产为重心的企业文化体系	培养和提升员工的效率意识,规范员工行为,实现有效的时间管理,改善现场管理和生产环境,改进工艺,降低成本,提高劳动生产率和产品产量,以期不断满足市场的需求	(1)强化生产管理、成本控制部门的核心作用 (2)建立以成本控制、生产达成为主导的控制体系

（四）影响组织设计的其他因素

除了前面提到的公司战略、经营环境和企业文化对组织设计有很大影响外,企业的生命周期、所处行业背景、流程体系、企业规模、员工素质等因素也会对组织设计有一定的影响,在此不一一赘述。

第二节　组织结构的优化与变革

一、组织结构的优化

（一）诊断组织结构

在对公司的组织结构进行分析的时候,通常要通过收集数据、访谈等方式来获取一些相关的信息,从而对公司的组织结构运作的内外条件有一个初步的认识,为后续的分析工作奠定基础。之后,对收集到的信息进行筛选和分析,找出其中存在的问题,再通过科学的方式,设计出一种新的、与企业相适应的组织结构。

通常情况下,主要通过以下四种途径对组织结构进行诊断:

第一,对为达到组织目的而需要的各项业务工作以及它们的比重和关系进行研究,具体内容包括职能交叉(重叠)、职能冗余、职能缺失、职能割裂(或衔接不足)、职能分散、职能分工过细、职能错位、职能弱化等。

第二,对管理层级的组成和管理人员所负责的职责的相似性、管理范围、授权范围、决策的复杂性、指导和控制的工作量、下属专业分工的相近程度等进行研究。

第三,检查各个部门的设置是否合理,是否缺少某些关键部门,是否需要进行优化。

第四,对权限结构进行检验,也就是各个层次、各个部门、各个职位之间的权责关系,它们之间的权责关系是否对等。

（二）优化业务流程

因为公司在不断发展,所以公司的组织架构也会变得更加庞大。尽管有了书面的职责说明和制度流程,但是仍然会存在一些问题,比如,各单位之间的配合不顺畅、个别单位的工作效率低下,决策的滞后性和决策流程复杂等。虽然有一些制度和流程,但是这些制度和流程不够精细,流程的实施不到位等。企业经营过程的最优性,就是按照企业经营方式,从企业经营活动的角度,对企业经营过程中存在的问题进行梳理、完善和改进。对经营过程进行最优化处理,并不仅仅是如何做这件事,而且是如何才能将事情办好。常用的做法是找出那些缺少的、需要改进的、重要的环节。对于不同的业务流程,我们可以从如下角度来进行研究:业务流程是不是太繁复,有没有可以简化的空间;能否通过更有效的手段达到目的;能否对各个步骤的次序进行调节,以实现改善;能否通过变更工作的承担方而提高过程的有效性,等等。除此之外,还可以通过对已有流程进行简化、整合、调整等方式,提高工作的效能。

（三）分解组织职能

对于一个公司来说,组织职能是其功能的综合,职能分解是指确定
为了实现组织目标需要开展哪些业务,并进行整体规划,按照业务的联
系对各个部门的功能进行理性分类,并将它们层层地分解落实为各个管
理层次、管理部门、管理职务和岗位的业务工作。最终,以这些工作为基
础,对部门的责任、管理范围、管理层次以及它们的责任、权力等方面进
行明确。职能的划分需要企业的业务活动具有独立性和可操作性,避免
各单位职能重复,避免相互间的脱节和保持完整性。

（四）确定职位职责

按照职能分解,撰写岗位责任书,完成管理控制、信息交流、分工合
作、综合协调等工作。在对各个部门的岗位进行设定时,要考虑到各个
部门的工作目标分解、职能分解、工作类别、岗位要求的知识、技术和技
能、工作的难度和所担负的职责,以及在总体的组织设计中,各个部门
的横向、纵向沟通渠道、信息渠道等。力求做到职能分解适当,职位职
责明确,让每个岗位都有事做、人人都有事做,没有任何岗位设置的重
复,没有任何工作的缺失,最终实现整个公司的岗位设置合理化、规范
化、科学化。岗位责任的决定有向下的方法和向上的方法。向下分析是
在企业的经营策略基础上,根据企业的经营过程,对企业的工作任务进
行分工的一种系统化方式。即,利用战略分解获得责任的详细内容,再
通过业务过程分析,确定在该岗位上应当发挥什么样的角色、拥有什么
样的权力。向上分析法是以工作要素为起点,将基本的工作活动按照一
定的逻辑分类,生成工作任务,然后再以工作任务的分类为依据,获得
职责描述。尽管相对于下行法,上行法并不是一种非常系统化的分解方
法,但是它在实践中更加的实用和具有更强的可操作性。

（五）构建和完善管理规范

要保证公司的有效运作,就必须对公司的业务流程、权责划分、工作
标准和工作方式进行健全。建立一个公司的经营管理系统有四个层面:

底层是基本层面,包含了公司的各项规章制度和工作流程,是公司的运作基础。第二层是保障层,它包含了一些常用的管理方式和方法,如责任约束机制、激励机制、绩效管理、薪酬杠杆等。第三层为文化层,其目的在于通过构建优秀的、符合公司发展的文化从意识层面上引导员工,充分发挥文化的激励、约束、导向、凝聚功能,将员工的个人利益和公司利益相结合,借助于教育培训、职业规划、利益共享等手段,更好地实现组织目标。而企业的顶层则是企业的战略层,即企业的战略性管理,这就需要企业的高层管理者能够从战略的高度看待企业的整体发展。

二、组织变革

(一)组织变革概述

1.组织变革的内涵

对于企业的组织结构、组织关系、职权层级、指挥体系和信息体系等进行相应的调整就是所谓的组织变革。组织的变革基本上就是通过对企业中大部分成员的行为进行调整,从而使企业的总体绩效得到显著提高。组织是为企业经营目的而存在的,企业经营目的如果发生了改变,则组织也要进行相应的转变来适应。即便是企业的经营目标没有发生改变,而其内外部环境发生了改变,那么组织也需要进行变革,这样才能为企业经营目标的实现奠定基础。

2.组织变革的目标

第一,使组织能够根据环境的改变而调整自身,保持其适应性、灵活性和创新性进而更好地实现组织的目标。组织是一个外向开放的系统,当组织所处的外部环境和面临的内部条件发生变化时,组织必须经过一系列的变革,方能满足内部发展需求和外部市场需求,实现自身的成长。

第二,转变观念、态度、沟通方法,以及与团体彼此之间的联络方法。一个组织的成功或失败依赖于管理者的决策。任何组织的变革,无论是薪酬制度、分配制度的变革,还是用人制度或者企业经营目的的变革,归根结底都是要对企业的经营理念进行转变,对企业的经营活动进行调整。这一转变是针对个人、群体、组织以及群体间的行为方式而展开的,因此,组织转变的一个最基本也是最重要的目的是改变组织成员的观念和行为。

（二）组织变革的实施

1.组织变革要考虑的因素

（1）组织策略

组织的策略转变,需要对组织关键功能和承担机构的地位进行重新定位,对各个功能部门的相互配合进行合理的调节,并对企业中各个成员的工作方式和工作方法进行适当的调整。

（2）组织发展

组织的发展是指组织的规模在不断扩大,经营范围在不断扩大,生存时间在不断地增加,在组织发展的各个时期,其发展的侧重点是不一样的,其特点也各不相同。在一定程度上可以说组织的成长就是通过持续的变革来实现的。

（3）社会发展

越成功的企业越注重与社会发展的结合。

第一,随着社会发展,人才需求可能会发生变化,企业需要考虑技能需求的变化,以及培训和发展计划以适应未来的工作要求。

第二,社会对多元化和包容性的需求日益增长,企业需要考虑如何建立一个包容和多元化的工作环境,以吸引和留住多样化的人才。

第三,社会对企业的可持续发展和社会责任的关注逐渐增加,因此企业需要考虑在组织变革中如何融入可持续发展的理念,并满足社会对企业社会责任方面的期望。

第四,社会发展也伴随着法规和政策的变化,企业需要密切关注相关法律法规的变化对组织结构、运营模式等方面的影响。

第五,随着社会的发展,社会价值观可能会发生变化,企业需要关注社会群体的需求和价值取向,调整产品与服务内容,以适应市场的需求。

综上所述,社会发展因素对企业组织变革具有重要影响,企业在制定变革战略和实施变革过程中,需要充分考虑社会发展的趋势和潜在影响,并相应调整组织发展策略。

（4）技术革新

技术是组织变革的根本动力。信息技术可以促使非程序化决策转为程序化决策,可以帮助组织管理者将重要的决策问题进行集中,将次要的决策问题进行分散,使组织管理中一直以来都在困惑着人们的集权与分权相融合的问题得到更好的解决。此外,在公司内建立一个信息网路,可以方便信息交流,真正做到资源共享。

（5）组织文化

将员工个体的利益与企业的成败结合起来,激发员工尽职尽责的集体精神,这是组织文化建设的一个主要内容。企业的转型应该以企业文化为根基,通过企业的转型,可以对其中的一些文化内涵进行改变,还可以对其进行重塑。

2. 组织变革的过程

（1）打破平衡

这个时期在一些个人或团体意识到必须转变处理事务的方法时才会出现。通常情况下,当一个企业频繁出现问题时,就意味着需要改革,改革的人需要对出现的问题进行深入研究,证明改革的必要性,这即是组织变革的第一个步骤,即破坏已有的均衡。在此期间,通常要具体地分析出为解决问题而必须进行变更的具体内容,例如:组织的活动方向、组织的结构形式、组织的决策流程,以及是否发生高层管理人员的变更等。

（2）实施改革

实施的过程是在做出第一步改变时就已经开始的。在这一时期,个体和组织的行动都会有一定的变化。比如,给下属更多的权力;训练管理者使其运用更高效的方式来完成工作等。有时候,在转变的最初阶段,要对变革的内容进行试验,以判断其能否达到预期的结果,从而可以根据试验结果调整和修改变革方案,以使改变能够朝着预定的方向进行。

（3）消除抵制

员工对于变革的看法和态度各不相同,有些人乐于尝试积极推动变革,有些人固执反对抵制变革。在组织变革的过程当中,应努力克服变革阻力,有时候,变革阻力不只来自于普通工人,也来自于管理者。阻碍变革的因素涉及多个方面,只有对这些阻碍因素有所了解,才能采取措施更好地消除阻碍因素。

3. 组织变革的方式

（1）层次扁平化

在现代公司中,等级结构的精简是最突出的特点。随着知识经济时代的到来,组织成员的自主工作能力得到极大提升,他们获得了充分授权,承担了较大的职责,因此,上下级关系从典型的发号施令者和消极执行者,变成了在团队中处于平等地位的人,在这个过程中,组织的管理层级会逐渐减少。扁平化管理的重点在中层管理。德鲁克明确指出,在一个大型组织中,中层管理岗位的设置应该少而精。一方面,中层管理者的出现,主要是为了承担起对企业内部的各种情报的搜集和传输的职责,即上传下达。另一方面,中层管理者的权限是有限制的,主要是监督和控制各个层面的运作。信息技术的普遍应用,将会使中层管理者丧失其生存空间,从而促使公司由传统的"锥形组织"转变为"平面组织"。

（2）灵活操作

运营的灵活性就是在组织架构上没有一个固定的、正规的组织,而用某些临时的、以任务为主导的灵活组织来代替,比如矩阵组织、团队等。伴随着信息技术的持续发展,ERP、SCM、CRM、CIMS、FMS、PDM等应用软件所代表的先进管理理念被公司所接受并深入运用,公司的组织结构也在持续调整,并朝着柔性化的方向发展。企业运营的柔性包含了产品的柔性、创新的柔性、修改的柔性、批量的柔性、流程的柔性和材料的柔性。实施柔性化的核心在于运用柔性技术,具体包括计算机数控、成组技术、计算机辅助设计、计算机辅助制造、柔性制造系统和计算机整合制造系统等。柔性管理可使公司更好地运用各种资源,增强其适应力,增强其竞争力。

（3）建立企业的内部网络

公司的网络组织结构表现为四个特征：第一，公司形态上的"集团"。作为一个新型的利益群体，它的产生与发展使得许多公司的关系越来越密切，从而形成了组织形式的网络化。二是连锁式的运作模式。许多公司以发展连锁店、贸易代理商等方式，建立起了一个巨大的市场系统，从而使公司的市场组织结构趋于网络化。三是公司的内部组织网络化。伴随着公司的组织架构趋于扁平，公司的管理层级越来越小，同时公司的管理幅度也越来越大，公司的执行机构也越来越多，公司的各个部门都与决策层之间建立了直接的联系，横向联络也越来越多，公司的内部组织网络化已经开始成型。四是信息传播的网络化。网络化的信息传播使得信息在组织内部更加平等和开放。不再只是由高层向下传播信息，而是各个层级之间、各个部门之间都能够自由地进行信息交流和共享。通过网络化的方式，信息可以在组织内部迅速传递，使得决策和行动能够更加迅速有效地执行。这种即时性和高效性有利于提高组织的应变能力和创新能力。网络化的信息传播打破了地域和部门的壁垒，使得不同地区、不同部门的员工能够更加便捷地分享信息、交流想法，从而促进了跨部门协作和知识共享。网络化的信息传播意味着信息来源更加多元化，既来自组织内部不同部门，也来自外部环境。这有利于组织获取更广泛的信息资源，为决策提供全面的信息基础。通过网络化的信息传播，每个员工都能更有机会参与到信息的传递和交流当中，从而增强了员工的参与感和认同感，促进了组织文化的形成和凝聚力的提升。

（4）机制配置的弹性化

弹性化，指的是公司将工作在不同领域的、拥有不同知识与技术的人员，聚集到一个特定的群体中，一起工作，一起完成某个特定项目，实现特定目标之后，团队的人员会各自返回原本的岗位。这样一个充满活力的团队，能够伸缩自如。比如，一个企业已经研发出了一种新的商品，但是因为它本身不具备其他方面的优势，所以就需要在全社会范围内选择最佳的生产厂家、最佳的销售公司以及最佳的供应商等，共同组建一个暂时的项目机构，在任务完成以后，这个组织就会自动解散。它的优势在于灵活机动，博采众长，集中优势，既可以大幅度地减少生产费用，又可以充分利用人才的知识和技能，同时也可以推进公司的机构向扁平化发展。

（5）机构的缩小

信息化社会中,通过压缩企业规模,减少核算单位,可以更好地促进企业的专业化制造,提升企业的社会化合作和规模经济,从而增强企业的市场竞争力。资产经营、委托生产和业务外包为公司的经营创造了有利的环境,尤其是用人机制的变革为企业建立小型化组织奠定了坚实的基础。

随着固定员工流失的增加,合同工、季节工、计时工、计件工等员工类型随之增多,减人增效,实现内涵式发展,已是许多公司的必然选择。比如,玉溪卷烟厂在保持卷烟生产工艺的同时,对其他的诸如卷烟的滤嘴纸、包装等都进行了外包;一些拥有几十亿、上百亿美元的大公司,为了减少经营费用,已经放弃了自己生产,而是选择了代工的方式。

（6）团队合作的虚拟化

在知识经济时代,很多工人会被排除在一个固定的组织体系以外,而分散劳动和家庭作业将会是一种新的工作模式。随着计算机软件和互联网技术的不断发展,企业内部的虚拟机构也逐渐成为现实。公司不再需要修建巨大的办公楼,而是可以移动办公。在企业内部的架构逐渐走向虚拟化、企业家庭作业人数增多的情况下,虚拟技术的使用在虚拟组织建设中越来越受到重视。

第四章

职位体系

第一节 职位分析与职位评价

一、职位分析

职位分析指的是对公司中各种职位的性质、任务、职责、劳动条件、劳动环境以及任职者在完成本职位任务时所应该具有的素质条件展开的一种系统的分析和研究。具体来说,就是把公司中每个员工的工作岗位作为研究的对象,运用一系列的科学手段,开展职位调研,搜集相关资料,分析和评价职位,制定职位规范、职位说明书等各类人事管理文档,为岗位人员的招聘、调配、考核、培训、升降、奖惩和工资支付等方面的工作提供依据的总称,是一项具有一定针对性的工作。职位分析一般涉及以下概念。

（一）任务、职责和职权

任务是一种为了达成一个特定目标而进行的一系列行为。职责也被称为"义务",是一种由个人承担的一种或多种工作所构成的行为。比如,一个营销员的职责就是做市场调研和搭建一个销售管道。职权是指赋予职务人员的某些权利,是为了确保其执行职务、完成工作。一种职责通常由几种任务组成,并且职责的履行要求有对应的职权。

（二）职位、工作和职业

职位,也就是我们平常所说的岗位,是一个单位对个人提出的一个或几个职责,并授予个人相应的权利的总称。工作是由具有类似基本责任的一系列岗位所要完成的任务的总称。职业是指个人从事的工作类别,也是社会给不同工作职位的名称,如教师、工程师等。

（三）职系、职组、职级和职等

职系也被称为工作族,它是工作性质具有同样的特点,但职责的重要性和难度却有很大区别的一组工作序列。几个工作属性类似的职系组合在一起,形成一个职业小组,即职组。职级是指在工作内容、难度、责任、要求等方面都非常类似的职位。工作性质不同或主要职务不同,但其困难程度、责任大小、工作所需资格等条件相同的职位为同一职级。通常情况下,一个公司中的岗位可以被分成几个职组,而每一个职组中都有几个职系,而各个职系中又可以被分成几个职级,而职等就是各个职系中的职位在各个职组中进行水平对比的手段。为了更好的区分这几个概念之间的关系,我们可以参考图4-1。

二、职位评价

职位评价,也被称为岗位评价或工作评价,它指的是将职位任务在整体工作中的相对重要程度的评估结果作为准则,通过对某个特定职位在正常条件下对任职者的要求展开系统的分析和对比,来真实地判断出这一职位在组织内部工资结构中所占的地位的一种技术。

在制订了职位说明和职位规范以后,职位就有了一个目标。按照关于职务的定义,每个职位在职务系统中都有其相应的重要性,职位评估就是要查明其重要程度,以便在制订薪酬结构时提供一个参照。

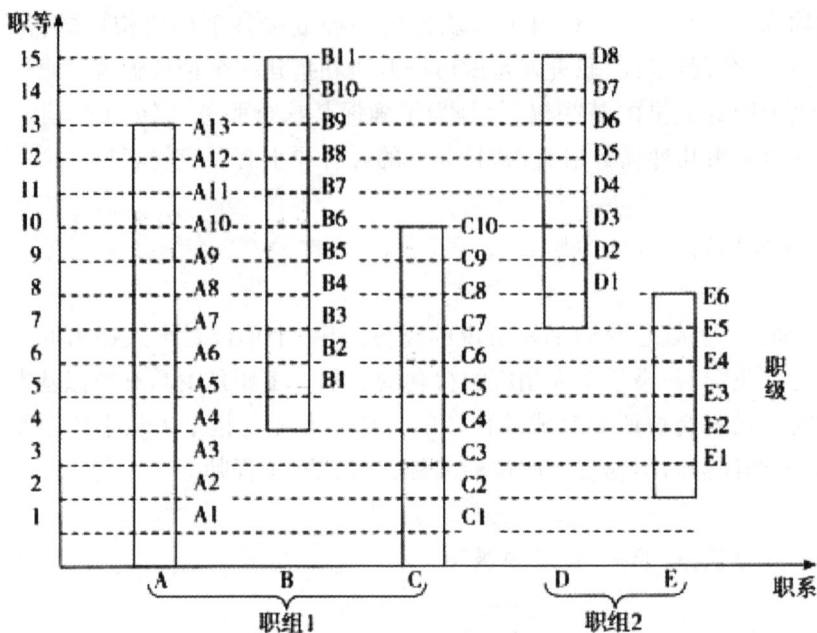

图 4-1 职系、职组、职级和职等

三、职位分析的结果文件

职位分析的重要成果体现在职位说明书中,其基本内容为:

(1)职位名称。

(2)职位编号(职位编号可以根据职位评估和评分的结果来编制)。

(3)职位描述,内容包括:①职位的性质、特点及该职位设置的目的。②该职位的工作强度,工作的复杂程度、工作的难度、职责的大小、工作的环境、工作的条件。③该岗位的工作流程及工作实例。④该职位与其他职位之间的联系、职位晋升和更替的途径。⑤对于该职位的其他描述。

(4)任职资格。任职资格是指在这个岗位上工作的人必须具备的一些基本条件,比如性别、年龄、身体状况、经验、知识、技能等。

(5)职位评估和评分。它描述了这个职位的相对价值,在组织中的位置和功能,并描述了等级划分等。

职位说明书有很多不同的形式,可以按照不同的目的和内容来制定。

第二节 职位体系的构建

一、职位体系构建的基本原则

一般来说,职位体系的构建需要遵循以下几方面的原则。

(1)职位体系的构建必须具有本公司的特色,并符合本公司的具体条件及发展策略。企业所在的行业、企业规模、企业发展策略,乃至企业文化,都会对职位体系的构建造成一定的影响。所以,没有哪个岗位比哪个岗位更好,任何一个公司在岗位设置上都要有其自身的特点。

(2)职位体系的设置应具有一定的前沿性,既要为公司现阶段的发展提供必要的支持,又要符合公司的中长期发展需求。无论是从外部环境,还是从内在环境来说,公司的发展都是一个动态的过程。为了赢得市场的主动权,公司必须制定具有远见的发展策略,而具有远见的发展策略又对其所支持的管理系统提出了要求。职位体系是企业人事制度的重要组成部分,因此,职位体系的建立是企业人事制度的重要组成部分。

(3)职务制度应具有操作性。职位系统不能只是一个静止的模式,它必须包含相应的运行规律,方能正常运作。使职位系统按照一定的规律进行,是实现人力资源管理工作高效进行的先决条件。所以,在新的职位系统进入前,必须要有一套与其相匹配的完整的运作规则,以确保新的职位系统具有较强的可用性。

二、职位体系构建的步骤与方法

职位体系的构建是一项系统的、工作量很大的任务,不管是职位体系的筹划还是以后的执行,都会影响到企业的每个层次,乃至每个人,所以,必须谨慎、适当地进行。职位体系设计通常要经过调查分析、职位分析、职位价值评估、职位执行四个阶段。

（一）调查分析

全面了解公司的管理状况，包括管理目标、管理环境、管理制度和实施情况。调查分析主要包括以下几种方式。

1. 访谈和问卷

通过与公司内部员工、管理人员以及关键利益相关者进行面对面的访谈，可以深入了解他们对公司状况和组织文化的看法，获取详细和个性化的信息。访谈可以更好地捕捉情感、态度和对公司现状的直接体验，有利于在调研过程中发现问题和挖掘潜在机会。

通过向员工、客户、合作伙伴和其他利益相关者发送问卷调查，收集大量的定量数据，了解他们对公司状况的整体看法和态度。问卷调查可以帮助横向比较不同群体的意见和看法，为公司提供宏观的、量化的数据支持。

综合使用访谈和问卷调查能够较为全面地了解公司的状况，发现问题和机会，并获取员工和利益相关者的反馈意见。同时，这些形式的调研还能够帮助公司建立与员工和利益相关者之间更紧密的沟通联系，提高员工满意度和忠诚度，为企业的发展和变革提供更加周全的参考。

2. 资料分析

总结并分析公司目前的人力资源管理系统相关制度、方案，以及公司目前的人力资源管理系统运行状况的相关资料。

3. 基准调查

通过对世界一流公司的人力资源管理实践及成功案例的分析，找到我国一流公司人力资源管理模式与国际一流公司人力资源管理模式的差异。

4.诊断分析

全面、深入地诊断和剖析企业人力资源管理及相关业务,明确人力资源管理体系中所出现的问题及问题的成因,并对企业今后的人力资源管理提供一些改善的意见。

(二)职位分析

以之前的调查和诊断为依据,利用职位分析调查表,并与面谈相融合,对公司的岗位设置状况和责任履行状况展开全面的研究。职位分析能发挥以下功能:一是找出工作中出现的交叉、空白或模糊的问题;二是让管理人员对自身工作的责任与职权有一个清晰的认识;三是让新入职人员最快最全面地了解自己的工作;四是实现管理者和员工对工作内容和工作职责的认识上的共识。

在规模较大、岗位设置较多的公司中,通常可以选择20%~30%的特征岗位作为基准职位,在此基础上对全部职位进行分析。在选取参考职位时,总体上应遵循以下几个基本原则:一是从公司内部来看,要涵盖公司的全部职务,每个业务单位要选取1~2个参考职位;二是从组织结构的垂直视角来看,基准职位要具有一定的代表性,能够代表组织完整的职位序列,涵盖组织的各个层级。三是从外在比较的观点来看,本职位与业内同类职务具有一定的可比之处。

基准职位作为非基准职位的标杆和参考,可以有效地提升职位分析的工作效率,从而可以有效地防止由于思想不统一、方法不一致而导致的大规模的重复工作。选定了基准职位之后,就可以着手进行职位分析。

职位分析的总体过程是这样的:清晰地列出需要完成的工作,并指明每个职位设置的目的和意义,对工作内容进行剖析和总结,根据工作流程或重要程度进行排序,对各个职责进行监督,确保它们的清晰性、准确性和完整性。

职位分析的成果是职位说明书。职位说明书是对各单位工作职能的进一步明确和具体落实,也是对职位内容的具体要求和职位规范的具体反映。通过对工作内容、工作职责、工作联系、工作环境、任职者资格

要求等的详细说明,职位说明书能够对员工的工作进行有效的引导。它
也相当于是一份行政文书,由任职人员和主管人员共同商议后,以文字
形式说明职位的目标、职责和要求等。根据工作岗位的具体情况编写一
套《职位说明书》,能够为之后的职位评价提供坚实的理论指导和实践
依据。

(三)职位价值评估

1.职位价值评估的用途

通过职位价值评估,能够客观准确地反映各岗位工作的复杂性及重
要性,为职业发展和晋升提供依据;能够对岗位间的相互联系有一个较
为全面的认识,这也是构建公司内部的层次架构的必要条件。科学的职
位价值评估,有助于建立一个公正、合理的薪酬体系,使之能够跟上市
场经济发展的步伐。

2.职位价值评估的过程

与职位分析的流程相同,职位价值评估也是以基准岗位为起点,然
后利用评估工具对其进行测评,并在此基础上,确定出基准职位矩阵,
最后以基准岗位为标杆,将非基准职位穿插在职位矩阵中,最终构成了
一个全职位等级矩阵。

3.职位价值评估的方法与工具

职位价值评估是指通过比较的方法,来确定相应职位在公司中的地
位高低,从而确定岗位之间的相对价值。所以,最早的职位评价方法,
就是将各个职位的相关值一一进行对比,然后进行排序。然而,因为影
响职位内在价值的原因多种多样,并且公司中的岗位数量众多,各有差
异,所以单纯靠排名的方式是难以实现对职位价值的准确评估的,必须
借用某些评估工具,如归类法、要素比较法、要素计点法等。不管采用何
种方法和工具,其基本原理都是以职位价值的影响要素为基础,利用科

学的方法和人力资源评价的研究结果,对职位进行评价和评级。影响职位价值的因素主要有企业因素和职位因素两个方面。特定职位对公司影响的作用大小在一定程度上取决于公司的规模(行业、业务类型、员工数量、营业收入等)。企业要素从某种意义上可以反映出企业职位与其他企业岗位之间的比较价值。而职位因素则是反映了公司内部不同岗位之间的相对价值。

4.对职位进行评估所需的条件

就算是现在已经有一些科学工具,职位的评定也都需要通过评定委员会来进行。所以,在进行正式评估前,一定要对评审人员的工作进行详细说明。首先,要对评价的流程、方法有一个清晰的认识,对评价的手段与要素有一个准确的了解;二是在评估之前,先仔细研究职位说明书,对相应的职位有一个全面的认识;三是要保证评估标准的一致性,防止评估尺度的上下浮动;四是要做到"对岗不对人",考核过程要做到公平、公正和客观;五是对评价的结论进行严格保密。

利用相关工具对职位进行了综合评估之后,就可以得出该公司整个职位的价值矩阵,这也是职位评估的重要成果。但是要实现这个结果,需要做大量的工作。

(四)职位执行

职位体系的设计并不困难,困难在于如何落实。因为职位体系的规划与公司中的每个职位都有联系,也是公司后期进行薪资和福利设计的依据,所以它将会被公司的每个层级,甚至是所有员工所重视。

在职位体系真正落地执行之前,要做好如下各项工作:一是人力部门要与高层进行事先交流,让高层充分了解其在执行中可能会遭遇到的阻碍,获得更多领导的支持,从而增加人力资源管理者在实施时的信心和决心;二是要获得职工的信赖,消除职工的疑虑,对于利益可能受到损害的职工,要提前制定好疏导方案,并采取相应的措施;三是要把握好时间,适时推出新制度;四是采取阶段性、分批实施的过渡性方案。

职位体系的顺利落地,是职位体系规划项目的最后阶段,但实际上,对于整体的人事管理体制的变革与优化这才刚刚开始。在随后的薪酬设计、绩效管理、员工招聘,以及其他许多模块,也会应用到职位体系构建的结果。

遵循合理的步骤,采用科学的方法,对职位体系进行科学的设计、计划,并顺利地进行构建和执行,将最大程度地激发出员工的工作热情和创造力,并为企业人力资源管理体系的优化和企业持续、健康发展以及核心竞争力的增强奠定坚实的基础。

第三节　职位体系管理激发人才活力

人才是推动公司发展的根本力量,构建一个职位管理体系,拓宽员工的职业发展通道,并将影响到员工发展体制机制阻碍清除掉,这对激发公司的第一资源,提升员工的积极性和创造力发挥着非常重要的作用,能够最终促进企业的发展。

在现代公司的经营中,最重要的就是人才。从经营行为上看,要对人才的价值做出正确的判断,要将人才队伍建设作为一项重要工作,要从顶层设计的角度去挖掘和释放员工的创新潜能。首先,以激发第一资源为中心,构建和健全岗位职级制度,使岗位职级能够更好地激发出员工的能动性,激发员工的发展潜力。同时,利用完善的公司内部工资体系和动态职工管理机制,构建出一个既对员工进行激励,也对员工进行约束的人才选拔制度,使岗位职级管理能够作为一种促进经济结构的优化升级和公司的可持续发展的力量,从而激发员工的活力。

一、企业职位体系存在的问题

一是通道单一化,仅有管理序列通道畅通。在组织管理体系中,公司的管理职位层次分明,但是官本位的观念比较强。第一线的技术研发类、技能操作类薪酬级别都在部门主管之下,导致了技术研发类、技能操作类职工晋升渠道较窄,想要晋级只有转入管理行列。

二是"僧多粥少",人人都在抢着要。行政机构的设计是一个锥形结构,越是往上,职位越少,为了达到升职提薪的目标,技术、研究等领域的专家不得不舍弃自己喜欢的领域,在"独木桥"上与其他部门经理竞争。

三是"职业天花板",导致了"价值观迷失"。因事设岗的安排使得各级职位的数量趋于固定,在到达了某种职级之后,由于受到高级职位数量的制约,导致人才晋升道路受阻,从而出现了人才的"职业高原"现象。企业的关键员工在企业中的价值不能被认同,又引起企业的价值丧失,从而造成企业的人力资源浪费。但是,由于个人兴趣爱好、性格等因素的影响,进入了管理行列的关键技术人员往往会出现人岗不匹配的问题,从而引发员工的辞职或者是员工的效率降低。

四是薪酬对标,加剧人才向更优势领域流动。薪酬水平的高低影响劳动力市场供需关系。现在一些企业的薪酬体系更注重与岗位层级的对应,与岗位价值联系不紧,难以满足核心人才的利益诉求,加快了人才向更优势领域集聚速度。

以上述问题为基础,企业应该以激励员工的劳动和创造性为出发点,对各种类型的岗位进行分级,并建立相应的等级制度。

二、突出重点,着力增强员工的价值获得感

公司的存在和发展都离不开员工的价值创造。工资制度是以满足已有的生产力为基础,以当前完成的绩效和收益为基础,而忽视了对具有创造性的员工的激励。

构建与公司发展战略相匹配,并能够推动公司经济结构优化升级的职位体系,对于公司核心竞争力的提升大有裨益,这对处在充斥着激烈市场竞争的公司来说尤为重要。在职位分级的思想指导下,根据公司的发展策略,可以将各个层次的职位划分为基层职位和高级职位。基层职位以适应公司目前的生产力和开发程度为重点,根据实际需求,按岗位等级分为几个不同的层次;在高级职位上,可以激励员工对与公司的发展策略有直接关系的专业领域进行创新。

以员工的工作绩效为基础,在职位体制的管理中,应该实现一个职位与多个职级相对应。在此过程中,公司要将各级职位的人才与其相匹配并享有的经济、政策等方面的福利详细说明,以便能够让员工感受到

公司对于自己劳动创造的价值的认同,进而提升员工的价值创造的获得感。比如,由于个人的个性和喜好等因素,技术序列的工作人员从事管理岗位的工作有可能会出现一些不足之处,但是他们的技术水平却是非常出众的。假如渠道畅通,那么一定会让他们的技术得到最全面的施展,从而达到人与岗位的高度契合,实现最佳的人岗匹配。当他们被提拔到资深的或者更高的技术岗位上,即便没有担任任何一个管理岗位,他们也能够享有与之对应的薪资和职业身份,这样就能够将一个专业的工匠的价值最大限度地发挥出来,公司才能够将拥有丰富经验的技术人才留住。

三、价值考核,着力建设公平科学的晋升机制

与公司的战略和实际需求相联系,构建一个以价值为导向的、科学的职位价值评估指标体系,依据业绩贡献、职业素养、工作表现等与公司战略和价值观有着密切联系的指标对职位价值进行评估,以此来推动更主动、更高效的核心员工的工作热情,提升其成就感和满足感。

按类别设置不同的考核重点,要开展人力资源的价值计量,在对每一个层次的岗位的能力达标值进行明确之后,可以按照这些要求,对工作人员展开一系列的考核、评估、确认工作,可将评估分成初次评估和周期评估两部分。在进行了初步评估以后,今后每隔 2 ~ 3 年,组织都应该针对员工的职业发展状态展开周期性的验证。在验证的结果基础上,将合适的人才转移到与其相匹配的岗位上。人才向等级更高、责任更大的岗位上转移或晋升是一个积极的趋势,随着岗位的提升,员工不光能够实现自己的职业发展目标,其绩效贡献也会增加。与此同时,要构建有升有降的动态调节、制约机制,对不称职的员工采取降职的措施,使"能上能下"的工作方式变成职位晋升调整的常态。

四、高层引领,着力构建职位晋升的良性机制

公司透过高级职务的选拔,来达成公司对于员工价值的认同,从而达到稳固员工队伍的目的。在设置高级岗位的时候,要掌握好高级岗位的具体要求,并通过高级岗位的设置,引导和带动基层岗位的工作人员进行逐步的提升,最终构建出一个与公司发展相匹配的人才阶梯。

首先,在重视高级岗位人员的培训与选拔的同时,也要重视基层岗位人员的培训与选拔;要构建与高级岗位匹配的基层职务晋升方式,推进从基层岗位到高级岗位全覆盖的良好提拔机制,以高级岗位为主导,激励基层岗位工作人员更为积极、主动、进取的劳创氛围。

其次,构建与岗位等级密切相关的薪酬福利制度,实现工资和福利随着岗位等级的变动而变动,从而形成一个良好晋升机制。例如,日本某企业采取按年度计酬制度,每 2～3 年一次,对员工进行绩效考评,以达到职务晋升的目的,使员工和公司之间的关系更加紧密,并使员工群体更加稳固。要避免被限制于陀罗形岗位设计,只是让薪资与职位相联系,这很可能会让员工形成工作惯性,而丧失在工作中不断学习和创造的动力。

第五章

绩效管理体系

第一节　绩效与绩效管理

一、绩效

（一）绩效的定义

对于绩效概念的界定,最初是从经济学角度出发进行的,其表现为可计算的利润,在那之后,它就慢慢地被扩展成了一个组织对资源的有效、高效和安全的使用,它还涉及组织运营和功能的有效性。从经济学的字面含义来看,绩效既包括了有效率的含义,也可以指产出或结果。绩效并不只是对一项工作任务完成与否的衡量(一般情况下都会用数量指标来表示),它更重要的是要表明这项工作任务的完成是否已经达到了预期与预定的目标,所得到的结果是否令人满意等。伯纳丁等人从成果的角度提出,绩效是指在一定时期内对工作功能、活动或行为所产出的成果。在行为方面,奥普勒与塞格认为,绩效是一种与组织目的有关的、能够自我调控的、符合组织目的的行动,是一种多维度的构建,不存在一个统一的衡量标准；表现为具体的工作行为，而不是行动的结果。

对于绩效的定义，当前存在着三种不同的看法：一种是绩效是结果，第二种是绩效是一种行为，第三种观点将员工的业绩和潜力相联系，将注意力放到了员工的素质和未来发展上。

（二）绩效的特征

1. 多因性

所谓"多因"，即员工的绩效并非由某一个要素所确定，而是由多个要素共同作用而成。对工作绩效产生影响的因素众多，具体包括以下几个要素：技能、激励、环境和机会。在这些要素之中，前面两个要素属于主观上的影响，后面两个要素属于客观上的影响。

2. 多维性

绩效是多维度的，不能从单一方面考察。工作的结果、行为或能力都是绩效表现的一部分。

3. 变动性

所谓变动性，就是随着主观和客观因素的改变，员工的绩效也会随之改变。绩效不好的人可以通过努力工作获得提升，绩效好的人也会因缺乏动力而使绩效变差。员工的绩效是受多个要素综合影响而形成的，员工所处的外在环境和内在的主观要素在一定时期内也会持续地发生改变，所以，员工的绩效一定是处于动态性的改变过程之中。

二、绩效管理

（一）绩效管理的概念

在企业内部,对员工进行有效的绩效考核是非常必要的。员工的工作行为、工作过程及工作结果与企业目标的一致程度是企业价值实现的重要保障。

在工作中,人们不仅关心工作的成果,而且更加关心工作行为和工作过程。因为,这有利于从源头开始,找到问题所在,进而通过持续地调整、改进,保证企业目标的有效实现。绩效管理的基本思想是在于对绩效的持续改善与提高。

绩效管理在人力资源管理这个有机体中处于中心位置,发挥着十分关键的功能。

（二）绩效管理的特点

绩效管理具有显著的特点,概括来说,主要包括以下几方面(图5–1)。

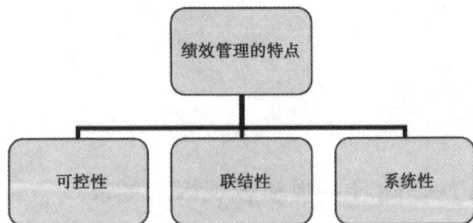

图 5–1　绩效管理的特点

1.可控性

企业的绩效管理并非一种单向性的行为,而是要通过组织与员工之间的持续互动与沟通,仅靠简单的"命令"或"执行"很难确保组织绩效管理过程能够平稳地运行。在进行绩效管理时,组织与员工之间可以相互交流和沟通,使员工对企业的发展方向有一个清晰的了解,而且,通

第五章 | **81**
绩效管理体系

过沟通,两者可以在工作要求方面达成共识,这样才能确保对员工的工作流程进行控制,使其工作成果与组织的目标保持一致。

2. 联结性

绩效管理将工作方式、工作态度与公司的目标紧密结合起来,它既是对公司的工作进行改进,也是对公司的具体要求进行提炼。企业的绩效归根结底要靠员工的绩效来完成,而对企业员工绩效的评估要放在一个总体的结构中,而且评估的内容和评估的尺度都要以该企业的绩效为基础,它们是一个相互依存、相互促进的有机整体。

3. 系统性

绩效管理其实是一个整体的、体系化的工作,既有对工作绩效的定义,也有对工作绩效的测量,更有对绩效信息的反馈,三大环节缺一不可。要确保组织绩效考核的制度化,必须重视三个问题。

第一,用绩效评估来测量员工在所有领域的表现。

第二,确定哪些行为和结果是完成组织目的的关键。

第三,用绩效反馈的方式,把最后的绩效评价信息反馈到公司的员工身上,让他们可以按照组织的目标,持续提升自己的工作表现。

三、绩效管理流程设计

绩效管理是一个系统管理,设计绩效管理系统是一个较复杂的过程。绩效管理系统设计的主要步骤如下(图5-2)

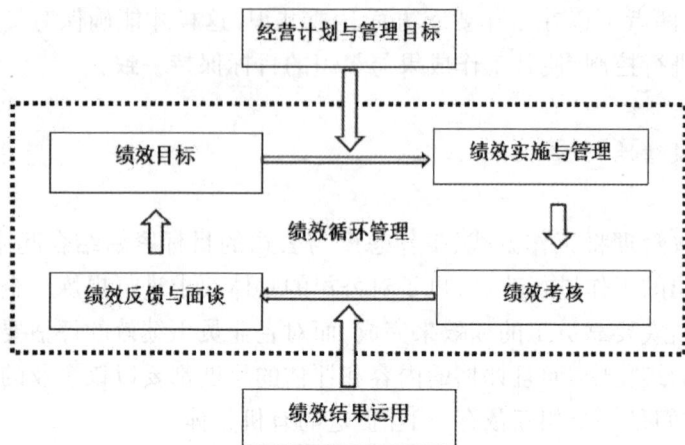

图 5-2　绩效管理流程图

关于绩效管理流程的具体介绍,后文有涉及,此处不再一一阐述。

第二节　绩效管理体系的前提条件与影响因素

一、绩效管理体系有效实施的前提条件

(一)高层领导的亲自参与

企业的绩效是一个影响企业各方面的系统工程,它不仅与企业的发展战略有关,还与企业的经营活动有关,与公司的业务发展和人力资源开发有关;它既涉及资源配置,也涉及生产、营销,是一项"横扫"所有职位的"工程",涉及到整个公司,从老总到最基层的工作人员,每一个步骤都不能有丝毫疏漏。因此,绩效管理是一项"一把手"工程,甚至超越了"一把手"的职责——董事会对总经理也有绩效考核的要求。只有公司的高级管理层,才能将公司的每一个系统、每一个环节,都纳入绩效管理的范畴。

应当认识到,一般在绩效管理开始实施的时候,反对它的声音很大,毕竟没有评估压力,也是一件让人开心的事情。许多企业在绩效管理实

施时都中途放弃了,因为经常到了讨论目标的时候,员工们已经开始议论纷纷并产生了负面的反应。只有我们坚定地推进,将员工的利益与业绩考核的成绩相结合,或者从公司外部引进一些寻求高业绩、高回报的员工,成为公司的示范群体,才可能减少反对的声音,顺利推进绩效管理工作。在绩效管理的实施进入考评阶段的时候,往往会遭到直线经理的反对,因为他们不愿意面对面的对员工展开评价,担心因为对员工的评价有分歧而产生矛盾。

只有通过公司的高级别管理者,尤其是实际一把手的亲身介入,才能显示公司实施绩效管理的决心和对绩效管理的重视,才能将公司的发展战略目标一步一步地向公司的每一个层面进行细化,并将绩效管理的思想和方式融入公司的每一个环节,促使各级部门的管理者和员工都积极地投入到绩效管理当中。

（二）明确的责任主体

1. 直线经理的责任

其实,从董事长到总经理,从班组长到主管,都是公司的管理者。对员工而言,他们是层层递进的关系,是员工的指导者、评审者、反馈者、辅助者和激励者。绩效辅导也是按这样一条路线向下一级一级地进行的。在绩效管理方面,各部门的直线经理都担负着与部属共同探讨绩效目标、标准,定期对部属的工作进行检验的职责。他们针对下属员工的工作表现有一个全面的了解,对下属员工的绩效进行评估,并给予反馈与指导,然后有针对性地进行奖惩。当然,高级别的管理者的角色远不止如此,正如前面提到的,他们还需要在公司整体上推进绩效管理。还有些公司,为确保绩效管理的公平性,会指派上级领导与其一同对其手下的绩效进行衡量,并对相关的结果进行复查和验证。

2. 员工的责任

在企业的绩效管理过程中,要做到目标设定,主动汇报,自我评价。根据公司和部门的目标设定自己的绩效目标,并向上级及时汇报、沟通,以求基本保持统一;定期主动向上级汇报工作进展情况,争取上级的帮助与指导;最终要做一个自我评估,并将工作成果和证明呈递给上司。

对总经理进行绩效考核的是董事会,或者是被授权的董事会的董事长。董事会设定总经理的绩效目标,通过总经理的定期报告和公司业绩表现对总经理的绩效进行评估。

3. 人力资源部门的责任

人力资源管理部门负责人事政策的制定、技术的指导和实施的监督。他们是绩效管理工作的重要推动力量,他们的职责包括:制订与绩效管理相关的制度,建立绩效与薪酬相匹配的政策,对各级负责人进行绩效管理技术和技能的训练,并按照公司每年的战略重点,对绩效管理的重点进行相应的调整,帮助各个部门设计出与本部门的工作性质和内容相适应的绩效指标,使绩效管理具有针对性,解决各级负责人在绩效管理中遇到的问题,还要接受被考评人员的投诉等。

4. 财务部门的责任

财务部门还担负着另一个很关键的工作:他们是企业预算的制定和财务结果的会计核算部门,这个责任意味着他们要为绩效管理工作提供相关的数据支撑,其中包含了分解预算目标、监测财务状况、最终确定经营结果等内容。

在某些具有较大规模的企业和部门中,比如集团企业、事业部,为了能够有效地处理被考核对象较多、信息容量较大的问题,通常都会设立一个特别的绩效管理部门,比如分析评价部、预算与评价部等,还可以指派一个特别的部门,比如:人力资源部、财务部等,充当董事会或总经理的助理,帮助他们开展绩效管理工作。对于一些没有足够大到可以建立一个特殊的机构的公司,就会建立一个绩效管理委员会,将战略、财务、人力资源、审计等有关的机构纳入其中,来进行公司层次的预算编制和业绩评估。不过,这个工作小组并不能算是真正的绩效管理主体,只能算是主管人员的助理。他们帮助董事会或总裁制订公司的总体绩效目标,将公司的整体业绩目标划分到各层级的主管,并对其提出的业绩目标和规划进行预审查,但最终的决定权还是在董事会和总裁手中,但也可以由董事会或者总裁授权他们来行使。在绩效管理期间,各级管理人员会持续收集相关资料,并将各类资料呈递给公司的董事和总经理,让他们了解公司经营状况;并在一定时期内,对下级单位的绩效作出初步评估,以作为公司的决策依据。

在一个企业中,从事绩效管理的专业员工必须具备较高的素质,尤其是在集团型公司,更是如此。他们需要具备与企业相关的专业技能,理解哪些输出对企业来说是最重要的;要充分了解相关的财务知识,明确绩效管理各环节的投入与产出;此外,还应具备一定的绩效管理方面的相关技能,例如劳动法规方面的技能、目标设定方面的技能等等。

(三)明确可运行的战略目标

一个企业是否能够成功的进行绩效管理取决于是不是拥有一种基于公司发展的、可操作的、可持续的公司发展策略。制定策略的目标是,要解决在哪些行业领域(石油、粮食、计算机等),在哪些市场(国际、国内、东部、西部),要用哪些产品(特定的产品,如原油、花生油、内衣),要以什么优势(如技术领先、成本领先、资源控制),去争取哪些客户群体(如高端客户、低端客户的划分),进而维持甚至发展公司的问题。长久以来,中国的企业生产的产品限于单一的领域,顾客群也比较单一,这样的经营方式离开计划经济的背景,将难以长久地存在下去。图5-3所示为企业战略与绩效管理二者之间的关系。

中国的公司已经开始意识到以上问题,并开始关注公司的发展战略问题,但对于战略发展还缺乏足够的了解。其中的关键问题如下:

(1)战略含糊不清,不能制定出可行的绩效指标。例如,某公司的战略目标是"强本固基,同业兼并,纵向延伸,跨业拓展",还有的公司的战略目标是"建成跨行业、跨地区、跨所有制、跨国经营和产业多元化、经营国际化、管理现代化、企业集团化的新型现代企业集团"。这种类型的战略制定得太过笼统,更像是一种政策、一种方针,很难指导公司制定切实可行的年度运营方案。一个可执行的策略,一定要对前述问题进行解答,例如,对领域、产品、客户等的选择,并在这个基础之上,制定出每年的运营目标与保障措施、资源的获取与分配计划等。

(2)战略与公司的实际价值背道而驰。许多公司的战略"立意",脱离了公司实际运营中本身的价值,只追求社会价值和公益价值;或是简单地将公司的价值看成是销售的规模、利润的规模。这两个导向都无法对公司的价值进行客观的评价,从而导致公司的绩效评价出现了导向偏差。绩效管理让我们正确地做事,而战略目标让我们去做对的事情。

(3)没有建立起一个高效的绩效体系,不能将公司的战略目标分解到公司的每一个员工身上,那么它的制定将是一种空谈,并不能使公司战略的实施成为可能。

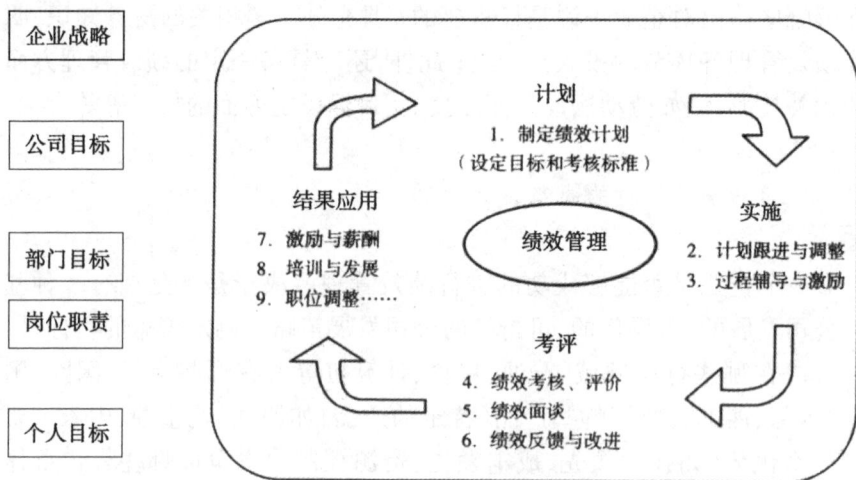

图 5-3　战略与绩效管理的关系

(四)信息透明度

绩效管理是否能够切实对公司运行起到预警功能,是否能够成为公司人力资源决策的依据,或是其自身是否能够长期地在公司中生存,都取决于公司内部信息不对称的问题是否能够得到妥善解决,以及能否构建一个具有透明度的信息系统。"信息透明度"的意思就是,上级可以在需要的情况下,获取真实的、所需要的数据,而不是获取虚假的、杂乱无章的数据,从而被困在信息的汪洋大海中,丧失了对其进行有效性管理。

建立信息透明度主要有两个层面:一是信息的真实性;二是能够获取所需的信息,一般而言就是使信息内容格式化或标准化。建立信息透明明度的方法主要有:构建一个财务一体化管理体制,其中包含了财务人员垂直管理、会计标准和语言统一等内容,将财务人员与各条线的管理分离开来,更多地由总公司进行管理,保证了财务人员能够独立于直线经理,以免提供假的数据,从而满足总公司对真实信息的需求。财务人员的垂直管理是全球500强企业普遍采取的一种管理制度,目前中国的垂直管理体制也在逐步推广,并且被越来越多的企业所接受。同时,财务人员的垂直管理,也更加有利于建立统一的会计标准和语言,这样使数据的标准化成为可能。

通过制定标准报告体系,使得员工可以根据需求来提交相关的资料,从而筛选出大部分不正确的、无效的资料。通常,这样的报告系统都是基于关键绩效评价指标。有了这个标准的报告体系,管理人员就可以得到所需要的资料,然后根据资料来对下属员工的表现作出评价。管理人员会根据这些资料和预期目标来判定员工的表现是不是在合理的范围之内,从而决定他们是否需要绩效辅导措施。

在信息化的基础上,构建 ERP 系统[①],以达到对企业管理信息的即时抽取(见图 5-4)。ERP 作为一种被普遍应用的 MIS,在很大程度上为企业的绩效管理带来了方便。因此,要实现企业绩效评价的目标,就必须对企业信息化系统进行改革。

二、影响绩效管理体系设计的因素

绩效管理体系的设计受到很多因素的影响,随着相关因素的变化需要进行持续的调整和优化。

(一)企业利益相关者

对于绩效管理,首先需要关注的是,各种利益相关方的需求。

公司始终都会在特定的情况下,被许多的利益相关群体所围绕(图5-5),其中包括了股东、管理层、员工、客户、债权人、供应商、社区、政府等。从一定意义上来说,公司本身也是一个利益相关者,因此,无论何时我们都要将公司的生存作为最关键的一点来思考,如果公司消失了,那

---

① ERP(Enterprise Resource Planning),即企业资源计划,是建立在信息技术基础上,以系统化的管理思想,为企业决策层及员工提供决策运行手段的管理平台。

么所有的利益相关者都没有什么好处。这也提示了在公司经营中,不能过于贪图当前利益,还要同时兼顾公司发展和发展的需求。

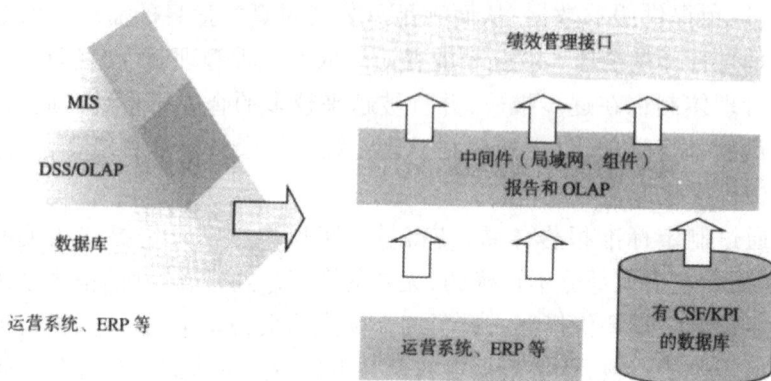

图 5-4　与 ERP 系统对接的绩效管理数据系统①

　　提升公司绩效,最基本的目标就是要达到公司的目标,即股东和所有利益相关者对公司的期待。若公司无法达到绩效目标,则利益相关者的利益亦得不到满足(图 5-6);如果一个公司只能完成一部分目标,单纯保护某一个或几个方面的利益,那么必然会造成各个利益相关者之间的利益的不平衡,使公司的运作出现困难。平衡计分卡在绩效目标中加入与顾客满意度和员工发展相关的指标,这在很大程度上体现了"平衡"这个词所蕴含的意义。

　　在进行绩效规划时,每一家公司都应该注意到与公司的利益相关者密切相关的各种利益,制定出与之对应的目标,并为了达到这些目标而作出不懈的努力。通常情况下,高层的员工会更多地思考这一点,而底层的员工则考虑的相对较少。

---

① 安德列德瓦尔.绩效管理魔力[M].上海:上海交通大学出版社,2002:116.注:MIS 代表管理信息系统,DSS/OLAP 代表决策辅助系统和在线分析处理数据库,CSF/KPI 的含义为关键成功因素/关键绩效指标。该图的含义是,左侧的模型是通过建立运营系统和 ERP,建立一个数据仓库决策辅助系统和在线分析处理系统对数据仓库中的数据进行处理分析,最后形成执行信息和管理信息。但是这样的信息模型并不能适应绩效管理的需要,新的信息模型如图右侧所示,通过预先建立 KPI 的数据库,使其与运营系统、ERP 联系起来,从中提取符合要求的、具有战略意义的关键数据,通过在线分析处理系统等进行数据处理,最后进入绩效管理接口,形成绩效评价报告。

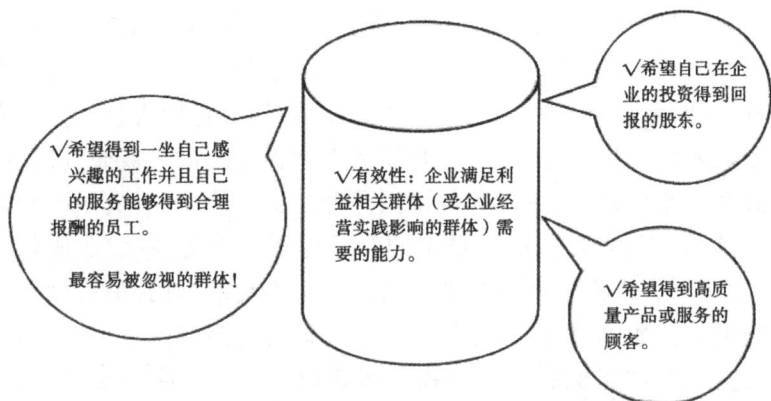

图 5-5 企业的有效性示意

图 5-6 反映不同利益相关者对企业利益诉求的指标

　　然而,企业并不是在任何时候都必须让所有人都满意。在公司发展的各个阶段,各个利益相关方的利益博弈也存在着差异,因此,在对绩效管理体系进行设计的时候,要明确在当前的发展阶段中需要首先满足哪些利益主体的利益。

　　通常来讲,在创业初期和业务发展的初始阶段,最重要的就是要满足顾客的需求,其次才是争取顾客。公司可以暂时不顾及股东与员工的权益,来达成更大的销量(注:不是指销售收益)。例如,一间新开业的酒店或购物中心,通常都会提供非常好的服务来招揽顾客,因此,他们会在与邻近酒店或购物中心的顾客竞争中,作出一些短期的让步,这些让步有可能会对公司股东的利益产生一定的影响,但是,这种让步是必须的。

没有顾客,就不会有公司股东的利益,因此,销量是衡量公司业绩的首要标准。一旦有了客户基础,就可以通过控制成本、涨价等方式来提升盈利,此时就可以把股东的权益作为业绩目标,将销售收入和利润作为一个主要的衡量标准,而这个时候员工的权益还没有被充分的顾及。只有其客户基础稳定,股东利益得到保证并稳定地增加,员工的利益诉求才会凸显,因为这时,如果员工的利益得不到满足,将会造成公司的服务品质降低,进而对客户基础的增加产生不利的作用,最后就会损害股东的利益。如此就会陷入恶性循环,公司就会经营不下去。此时,与员工权益相关的指标就会成为核心绩效指标,例如,后备人才的培养、骨干员工的流失率、员工的满意度等。

20 世纪后期,互联网经济中的风险投资在很大程度上就遵循了以上规律,在相当长一段时期里,企业的股东需要的只是"眼球",只有在企业盈利之后,企才会考虑股东的利益。而在一些人才比较稀缺的领域,则更多的是以员工的权益为主,而股东的权益位居其后。

(二)企业生命周期与战略目标

绩效管理的目的在于为公司的发展提供一个良好的环境。绩效目标是从战略目标中衍生出来,并将其反映出来。绩效目标是公司从上到下的指令,不是让公司在各个方面都去做,也不是从下到上,因为这样通常不能将公司的总体绩效表现出来。

公司的经营战略与公司的生命周期密切相关,公司在其经营的各个阶段都会制定相对应的战略目标。一般来说,越高层的绩效目标就越能清晰地反映出公司的战略发展趋势,上层的绩效目标则会被一层层地进行细化,从而将公司的战略目标指向传达到下面。

值得指出的是,绩效目标的内涵并非一定之规,它要随着公司的发展阶段、文化变革、战略导向等方面的变化进行适时的调整,时刻与公司的战略目标相吻合。图 5-7 显示了一个公司怎样根据战略目标设定绩效目标的流程,在这一过程中需要明确哪些成果最重要,哪些成果是实现公司目前的发展和策略目标所需要的。

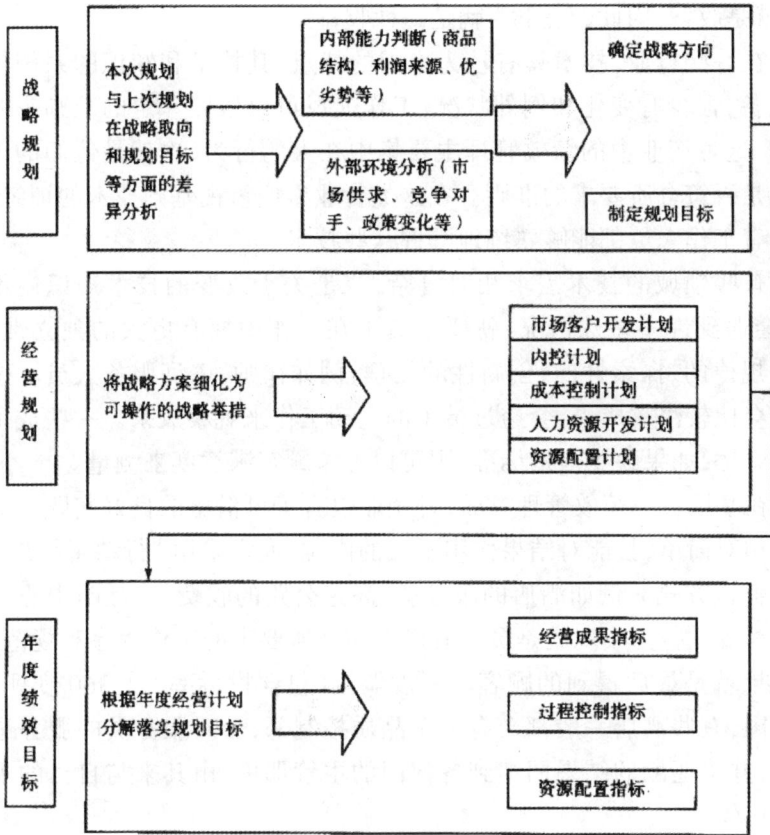

图 5-7　把战略规划转化为绩效目标的示意图

（三）行业与技术特点

在选取绩效管理的方式时,要对其所处的产业和技术的特性进行综合考量,并结合产业和技术的特性,具体界定绩效管理的内容和方式。这本书并不能涵盖全部的产业,下面我们列出几个产业中最高层（企业首脑级）的业绩指数和业绩计算方式,作为借鉴。

在流通业中,人们关注的是销售收入、现金流量、销售利润率、过期应收账款、不良存货、营运资产收益率、营运资本收益率。

酒店业对客房租金的重视超过了对营业利润的重视。

在通信行业,还有某些制造公司,他们更关心的是销售收入,而不是利润,原因是,它们的经营费用是比较稳定的,而将其经营费用减除之后,就是收益,因此,"销售"就是一种收益。

在一些行业,技术具有较为稳固的特点,其技术和知识的系统也较为完备,很少有变化和例外状况,工作人员可以依照一定的准则来开展工作,这种产业中的绩效管理主要集中在人的行为,也就是他们的工作表现是否符合所要求的准则。在这类行业中应重视基础技术的训练,确保所有工作人员都能够熟练地掌握这些技术。

有些领域的技术需求相对复杂,或是关于改变的技术知识还不完备,会遇到许多特殊情况,就要求员工在工作中拥有更大的独立性,进行无规律的、探索性的、创新性的处理,例如律师、咨询服务人员。这类企业会比较注重成果,会透过员工的主动工作来观察成果。一些成果的测量方法,如果缺少衡量标准,则可以参考顾客满意度来测量。

在基层员工绩效管理方面,各企业也有了可借鉴的良好实践。对于那些相对简单,技能对结果作用不大的岗位,通常采用"行动 + 结果"的绩效考核方式。例如酒店的服务员、高速公路的收费员、呼叫中心的接线员等等。行为表现就是员工有没有遵从所要求的工作程序和规范,工作结果就是最后得到的顾客满意度调勘(包含投诉率)或 360 度评价。在我国,有些酒店一般都会有一个品质控制部,会对服务员的服务进行巡勘,并将巡勘的结果回馈到各部门的主管那里,由其来与自己的观察进行比较。

而对于一些对人的技能和价值观有较高要求的企业,通常会使用"结果 + 技能 / 行为表现"的方法来进行绩效管理。比如软件工程师、研究人员、咨询顾问等等。

（四）员工所处的具体层级

在战略引导下,应该对公司的绩效目标进行层层分解。然而,将其进行分解,并不是一种单纯的,也不是一种机械地数据的分解。相反,要以员工所处的岗位层次为依据,对其所承担的责任进行差异化,从而进行差异化的员工绩效管理。下面对高层、中级、初级员工逐一阐述。

1. 高层员工

高级管理人员经常把注意力集中在公司的整体财政成果上,或是其他类型的最主要的成果上。一般来说,一家公司的首要目的就是要达到盈利,然而盈利并不完全依赖于生产的商品的数量和品质,还涉及许多其他方面的问题,例如控制人力成本、减少财务费用等,可以将这些整体发挥到极致的,不是一个单一的部门经理,而是具有综合性职能的总经理。在公司的其他方面,比如人力资源方面、运营方面、质量方面、客户服务方面,都可以将其视为绩效的一部分来管理,因此在高层使用BSC方法 [①] 的比较多。然而,如果是在一个管理模式较为成熟且稳定的公司中,那么更多的高层管理者会使用 EVA 方法 [②],这是由于其他管理目标都已在日常管理中得到贯彻。

2. 中层员工

中间阶层的员工的工作重点是工作计划和生产成果,他们所做的事情和所取得的成果一样,都是很关键的。另外,中层员工是一个独立部门的领导,其对本部门的成本控制、客户满意度、员工满意度等具有现实的责任和实质性的影响,可以将其视为绩效管理的一部分。中层员工绩效管理中使用目标管理和 BSC 方法较多,但在成本中心的中层一般都会使用目标管理。

3. 初级员工

一般来说,企业的初级员工指的是实际执行者,要关注的是其工作进程 / 绩效,通常情况下,只依靠一个人很难对结果进行掌控,即使员工可以对某一环节的成果进行掌控,也应该以整体成果为先。初级员工一般以行为、技能为主进行绩效考核,360 度考核在此层次上运用得比较多。

---

① BSC 方法是指平衡计分卡(Balanced Scorecard),是一种用于企业绩效管理的方法和工具。平衡计分卡通过整合财务、客户、内部业务流程、学习与成长四个不同的维度,帮助企业对绩效进行全面评估,从而更好地实现战略目标。
② EVA(经济增加值,Economic Value Added)是一种用于衡量企业绩效的财务指标和管理方法。EVA 法强调通过净资本成本(资本成本扣除后所得)来衡量企业的实际盈利能力,以此来评价企业管理层对于股东投资的回报。

第三节　绩效目标的设置

一、绩效目标设置的基本原则

（一）SMART 原则

在设定绩效目标时，"合理"是一项典型的准则。SMART 是指：

Specific——特定的。也就是说，绩效评价是以具体目标为基础的，而不是以意向和抽象为基础的。"开拓新的顾客"这样的目的，远没有"走访国内 100 家最大的纺织厂，设法在冶炼厂以外的纺织厂开发新的顾客"这样的目的那么实际。自然，具体的指标应是侧重点与具体性相结合能够达到的目标，它应体现出该员工主要的、突出的、能够体现进步和侧重点的工作结果，它不是一份琐碎的工作，也不是一份对岗位手册上工作任务的简略列举，它是一份各类工作任务在该时期的重大行动或具体进度规划。

Measurable——可衡量的。一般情况下，其是指能够对各项指标进行定量考核，所提的指标应该具备时间、数量、质量、成本等方面的度量标准，假如不能设置相似的标准，那么就会变成无效的指标。不过，有价值的东西并不一定都能被定量考评，也有些东西是可以用非定量指标来度量的，因此，可衡量的含义就是：可以用上司的判断来判定是否达到了目的。例如，研发部门的产出周期由于受各方面因素的影响，具有很大的不确定性，某些时候是没有办法被量化的，这种情况下对研发人员产出周期的衡量只有通过对其研发能力的评价来实现。这些能力通常可以通过测试和观察来衡量，并且可以通过学习来持续改进，也属于"可以衡量"的表现。不过，在适当的时期内，技术必须表现在产出结果上，不然就会被淘汰。

Aligned——一致性。将员工的个人利益与公司、部门利益相结合。在企业的绩效考核中，各岗位的考核指标要与企业的发展战略、本企业的考核指标及各部门的考核指标相匹配。对企业所要推行的各项改革举措,可以纳入企业的绩效考核,从而促进企业转型。

Realstic——现实性。绩效目标肯定具有挑战性,并且应该能够在竞争者面前维持住自己的优势,但它也应该是可以实现的,而且是合理的,不能太难以实现。

Time-bound——时限性。绩效目标的达成应该有时间限制,没有时间限制的绩效目标是无法考核的,绩效目标的实现也很容易不了了之。绩效目标的达成时间可按目标实现的轻重缓急来设置,常用的时限有年度、季度及月度。

(二)聚焦重点原则

绩效目标不宜过多,应有重点地设置,一般来说,3 ~ 7 个为佳。高层管理者也许会有更多的指标,但可以将类似的内容进行整合,从而缩减条目。

一方面,绩效管理并不是一把万能钥匙,它不可能将公司在经营和经营过程中遇到的一切问题都妥善地解决,并不是将所有需要员工去完成的工作都纳入到绩效考核的范围之中。

另一方面,绩效管理与全面预算管理不同,没有必要把所有列入财务预算的指标都当作绩效管理目标的一部分来进行管理。许多被纳入财务预算的指标,都适合展开分析,利用分析和督促改进从而推动最终产出的提升。然而,有些指标在提升最终产出方面,发挥的效果并不大,比如:资产毛利率、资金周转速度、资产收入率等,并不需要将其视为绩效目标的一部分。

(三)由易到难原则

在设置绩效目标的时候通常会遵循由易到难的原则。首先应该尽量选择那些便于衡量、容易量化的产出作为管理内容;当缺乏该类产出内容时才选择行为产出的绩效指标,如关键事件指标;最后才选择能力、技能指标,如图 5-8 所示。

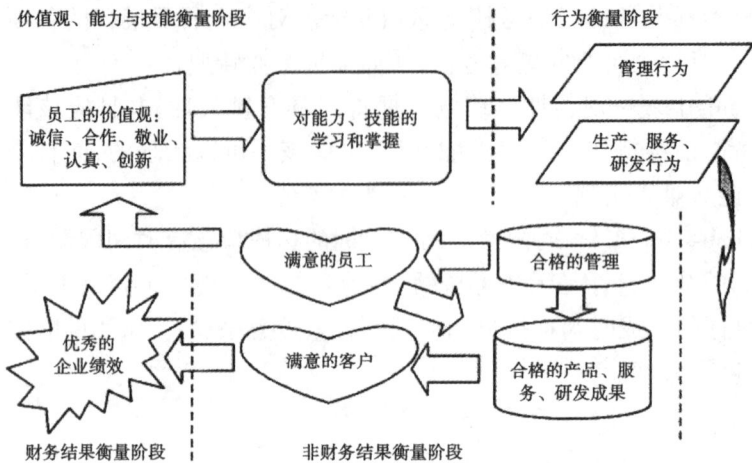

图 5-8 绩效目标选择由易到难的示意图

注：图 5-8 按照顺时针顺序看是企业价值创造的过程，逆时针来看就是组织绩效目标分解的过程。可以看出，目标将会从纯粹的数据变成相关程度较小的指标。不同层次的员工的绩效目标也会随着时间的推移而变化，直至与最后的结果看似无关为止。

（四）责权一致原则

设定的绩效目标应该是员工本人的职责范围之内能够掌控的事情，对于超出员工工作范围的事情，应该得到上司的批准和许可，不然就有达不到目的的风险。例如，在成本中心，由于其对费用的控制受到了很大的限制，所以不能把费用的管理当作绩效目标来对待。有的公司把定价权力完全交给了市场部，而不把营业额当作绩效目标。

二、KRA 与 KPI 的确定

从企业战略到员工的关键绩效指标之间经历了从战略—战略目标—战略关键绩效领域（即 Key Results Areas，KRA，如图 5-9 所示，有的学者提出关键成功因素的概念，即 Critical Success Factor，CSF）—关键绩效指标的分解过程，这是一个从宏观到微观、从定性到定量的过程。我们要确定关键绩效指标应当先从关键绩效领域的分析、确定开始,也就是要确定绩效管理的主要内容是什么。

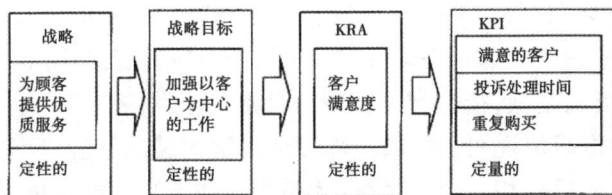

图 5-9　从战略到 KPI 的分解过程 [1]

在建立绩效评价指标时,应结合公司的发展策略和运营目的。一个公司的发展策略和运营目标往往被划分到各个特定的部分来执行,而这些涉及到的部分又是一个重要的绩效领域。例如,在某一年,公司的战略重心是扩大市场份额、提高销售收入,这一点划分到生产部门中,就会体现在提高生产率、增加产量上,而在人力资源部门中,则会体现在扩大销售人员的招聘和进行市场部门的组织结构调整、薪酬制度的改进等方面。所以,每一个员工的主要业绩领域和主要绩效目标并不是一成不变的,它们一定会伴随着公司的战略与经营目标的变化而作出对应的调整。这些变化通常是人力资源管理者根据公司战略目标的变化而提前作出的,并提供给员工作为参照。图 5-10 显示了从公司战略到员工个人绩效目标的分解过程。

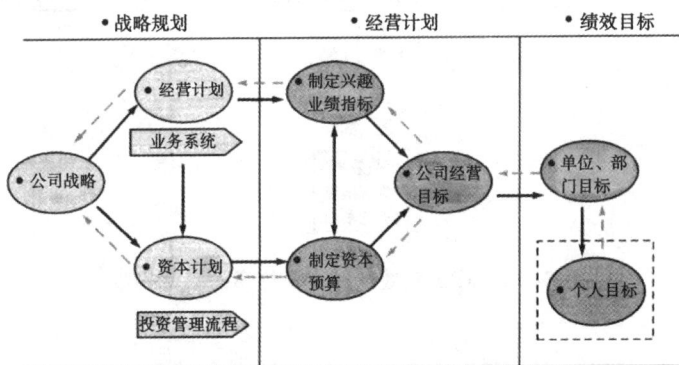

图 5-10　从公司战略到员工个人绩效目标的分解过程

将绩效指标分解到个人还要思考每个人的岗位。员工的工作责任是由特定职位的工作内容决定的。通过对工作内容进行分析,我们能够

① 安德列·A·德瓦尔.绩效管理魔力[M].上海:上海交通大学出版社,2002:67.

得到衡量员工绩效的各种指标,其中包括一些常规的程序性的工作,比如制订工作规划等,也有一些能够反映出动态的结果的工作,比如实现新的创新、实现销售收入等。工作级别越高,指标越能反映动态产出的工作,工作级别越低,指标越是表现出日常程序性的工作。

并不能将职位说明书中的全部责任都纳入绩效管理,反映的动态目标与战略分解目标相一致的区域,才被视为绩效目标的主体。

此外,来自股东、顾客和外部市场等方面的新需求,也是影响企业绩效表现的重要因素。同时,去年绩效目标中存在的某些执行缺陷,需要今年加以改善,也成为该年绩效目标的一个构成部分。

图5-11是制定绩效计划需要考虑的三个方面因素的示意图,这个示意图非常简要地说明了绩效目标与行动计划和企业目标、客户要求、个人职责之间的关系。

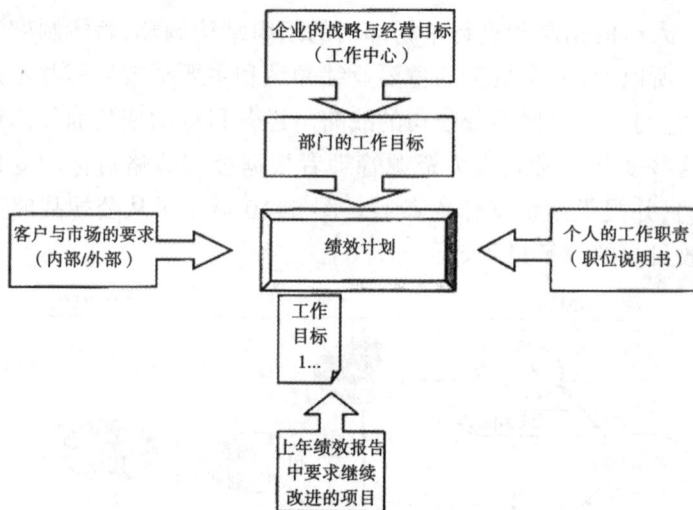

图5-11 员工绩效计划指标体系的来源构成

三、绩效目标考核标准的设定

(一)绩效目标达成度标准的设定方法

(1)单纯的绩效目标管理方法。例如:"营业额达到两百万元""核心人员离职率在10%以下"等。

（2）参照方法,将努力的方向瞄准于同行中最好的公司,设定赶超参照公司的指标来提升业绩。假想就是以业内的平均值为参考,提出绩效目标。选取参照的缺点是,由于基准公司的水准也是处于动态变动之中,因此,指标的可控性和可预测性比较差,只能通过年终考核来明确具体的定量指标。

（3）不断改进法,也就是根据公司以往的情况,不断提出改进的指标,并逐渐提高业绩。例如,制定一项年度发展目标。不断改进法的优势是使用了一个具有较高信息量的分子和分母表达形式。更好的形容是"营业额两千万,比上年同期增加百分之二十"。这样做的缺点是,当基础比较小时,经济增速往往会表现为一个比较高的数值,从而放大了进步的程度;当一个公司的基础很高的时候,它的增速就会很低,很可能会让人产生一种幻象,觉得它的增速很慢。

（4）创造性改进法,就是采取新的举措,设定新的指标,以取得工作上的突破性进展。例如,"实施 6 Sigma,生产的通过率达到 99.99%"。创造性改进方法通常用于配合新战略目标。

也可以将以上方法结合起来,例如从对照预算、对照同行业先进企业、对照过去等几个角度出发,最终将各自的评分权重总和为最终的成绩。

（二）绩效衡量指标的设定

绩效考评的指标通常从数量、质量、成本等方面来考量,每项业绩的规划和目标可以用多个指标来度量。

（1）数量:是指能够直观体现业绩的数字指标,其中包含了销售产品的数量、销售收入、盈利额、市场占有率、生产产品的数量、裁员的人数,还包含了比较的指数等,一般用于销售部门和生产部门。

（2）品质:是一种内在的、以品质为基础的数字化的指标,包括了产品合格率、不同档次的产品分布率、过期应付账款率、存货率、现金周转率,这些指标一般应用于生产部和销售部。

（3）成本:指取得业绩的实际成本,包括劳力费用、产品费用、销售费用、管理费用等,有的时候又与个别工作分开来计算,例如招聘费用、培训费用等等,可用于多个领域。但是,那些费用比较固定,又在预算之内的,通常不会被列为绩效目标,这是由于在一个高效的控制体系下,员工不能超过相应的预算值,而超过的预算通常都需要进行另外的审批。然而,在与产出或销售收入相比,成本随着时间的推移而增加的情况下,被描述为"与去年相比,成本减少20%以上"或"费用的增加比重小于收入的增加比重"的情况下,应该被列入到绩效目标中,这种指标跟员工个人的主观行为有一定的关系。

(4)时限:即负责人必须在规定的时限之内,按规定的进度完成工作,例如:年中之前实现营业额的50%,入冬之前,水坝的主要建筑工程完工。在某些日常作业中,不能以"一天、一整年"来计算,而是以每个作业所需的工时来计算。例如,一个收发员的责任就是及时的收发邮件和报刊,他的时间期限并不是一年,也不是一天,而是"在8:30之前将一切邮件和报刊发放到人"。

(5)频率:以"动作输出"为主,但也可用于"成果输出"。一般是指在特定的时间段里,对员工执行该行为的频率进行衡量。

(6)顾客满意度:是指在业绩输出中对顾客需求的满足度,涉及顾客流失率、投诉率、顾客服务周期等,还可以设置一个公司内客户的满意度指数,如:员工满意率。适合于服务行业、公司的功能单位等。

(三)绩效内容的权重设置

一个员工的绩效是由多个方面组成的,例如对总经理的考核包括财务产出、运营管理、骨干人才流失率、客户维持等。怎样才能全面地衡量其绩效,或是怎样才能体现出工作的优先级和重要性,都是要用到加权的。加权反映了一项工作在总体工作中的重要性。加权不是一个能够准确定量的指数,没有必要非要问为何是35%,不是30%,通常情况下,可以根据在一项工作中所耗费的时间的比重来决定加权,但也有些时候,一些不重要的工作,尽管耗费了很多的时间,但所占据的权重并不大。

随着公司发展阶段的不同,职位等级的不同,绩效指标的加权值也随之变化。在公司成立初期,可以给销量较高的权重,而给盈利指标较低的比重。为了防止加权过低而造成整体绩效评估中的指标太过松散,加权值小于5%的工作就不适合纳入到考核指标中,可以和其他事情结合起来,使加权值大于5%。

四、绩效目标设定的程序：自上而下与自下而上

制定绩效目标的程序有两种：自上而下和自下而上。其中，自上而下的方式是从公司层面入手，按照责任层次进行划分，通过目标的逐层分解与细化来确定各个层级和岗位的绩效目标。这样做的优点在于：便于对企业的发展策略进行全面的分解，确保企业内部人员的工作导向统一，防止企业的发展策略被冲淡。但也有一些问题，例如，在公司的上层，因为有一个特殊的绩效管理部门，可以为下一级别的人员设置绩效目标，而到了中下层，如果辖区范围很广，要为下级制定绩效目标，就会有很大的工作量。

在自下而上的方式中，员工以自己的工作责任为起点，通过对各自的工作内容和工作责任进行梳理，将其转化为自己的主要绩效指标，并逐级上报汇总，最终构成了公司的绩效指标。这样的做法往往会造成员工倾向于将他们能够轻松地实现的工作任务当作他们的首要任务，或是他们各自独立作战，不能形成合力，因此在实现公司的策略和运营任务方面很难发挥出切实的效果。

一般情况下，公司会在听取员工建议和意见的基础上，制订自己的发展战略与运营指标，并向所有员工公开；之后，每个部门的领导都会基于公司的战略，将其所在部门的所有人员都召集起来，对该部门的工作方案进行商议，最终制定出每个部门的主要绩效目标，并将其公布出来，让下属清楚自己能够分担的内容。最终，各成员按照各自部门的工作方案制定出各自的工作方案，并将其作为主要业绩目标上报上级审核。这种方法既能将公司的战略和运营目标进行有效的落地，又能兼顾员工自我目标的设定，因此在实践中被普遍采用。

五、绩效目标审核与沟通

当一个员工制定完绩效目标并向上级递交时，上级会对其做一个初审，并对以下几个问题进行解答：

- 自己是否希望实现以下目标？
- 员工是否拥有必要的资源和权限来达到这些目标？
- 需不需要得到别人的帮助？

·哪些是优先需要完成的目标?

·目标和行动方案是否明确?可以从哪些方面对其进行评价?

在评审结束后,双方应当进行必要的交流,交流的重点是:

(1)明确地告诉员工,他们的工作规划、工作目标,以及目标的重要性,提出对员工的工作与发展的期待。在实践中,人们往往忽略了工作目标的含义,但事实上却是十分重要的。

(2)倾听员工本人对其设定的绩效指标的解释,对员工的绩效指标进行评价并发表自己的看法,与员工讨论,获得员工对绩效指标的认可。只有员工对绩效指标有发言权并认可它,才能保证指标的达成。

(3)深入理解企业人力资源的需要,并清晰界定人力资源的责任与权力。在绩效目标的分配中,上下级之间经常会出现争执不休的情况,用目标来决定资源分配的方式可以很好地克服这个问题,如果条件成熟,可以在谈论绩效目标的时候,把薪酬待遇、权利范围等内容一起列出来。

(4)为员工提供有效工作方式和方法的建议。

(5)确定绩效跟踪的标准和最后时限,例如,确定多久汇报一次工作,确保下属能清楚地明白上司的意思。

在沟通交流的时候,要多加鼓励,多听取员工的不同观点,并让员工说出自己担心的地方。要擅长站在员工的立场上考虑问题,理解员工的心情,并在提出问题的同时,找出问题的根源和对策。

对员工制定的未获批准的绩效指标,应退回该员工,重新修改。在执行过程中,由于不同的原因,造成实际产出超出或者落后于预期计划,则可以视具体情况对绩效计划进行修正。

第四节　绩效的考评与应用

一、绩效沟通与辅导

定期的沟通和设定明确的、具有挑战性的工作目标是改善员工工作表现的两个重要方法。定期的交流能让员工觉得上司很在意自己的工作,这样就能激发员工完成工作的热情。沟通主要是通过对所发现的积极的行动进行探讨,加强正向的行动,同时对错误的行动进行提醒,从而减少其带来的不良后果。沟通也是一个解决问题的好时机,让上司与下级能够在理解不一致的地方取得共识。

绩效目标仅仅告知了员工工作的目标是什么,但对于怎样达到,却没有明确的规定或指引。企业雇佣一个员工,或者配备一个员工,都是基于他有足够的能力和技术来完成这个工作。与人员的才能和技能评价、判断等相关的工作,并不在管理者的工作范围之内,而在人员的招募和训练范围之内。但是,管理者仍然有责任对下属进行指导,以帮助其完成工作任务。如果下属的工作方式是无效的或低效的,管理者应大公无私地为下属提供帮助。管理者与员工是一条战线上的同志,也是一对搭档,他们都在为实现共同的业绩而努力,管理者的业绩由全体下属的业绩来支持。

在进行绩效辅导的时候,要及时地对工作人员的工作方法、效果进行评估。它是一种非正式的评估,以对具体行为和数据的描绘为主,并以这些行为和数据的可能效果和结果作为指导。对于高级管理人员,培训更多的是提供一些有价值的意见;而对于底层的工作人员,则需要上司亲身示范指导他们。

图 5-12 是辅导的常见程序。

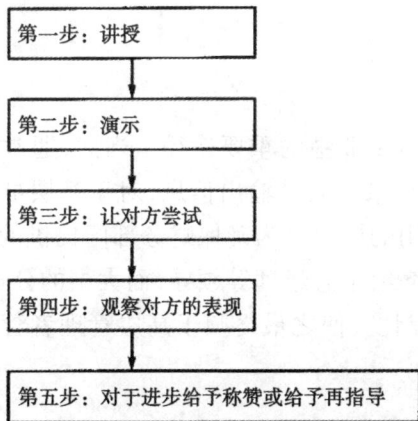

```
┌─────────────────────────────────────┐
│ 第一步:讲授                          │
└─────────────────────────────────────┘
                  ↓
┌─────────────────────────────────────┐
│ 第二步:演示                          │
└─────────────────────────────────────┘
                  ↓
┌─────────────────────────────────────┐
│ 第三步:让对方尝试                    │
└─────────────────────────────────────┘
                  ↓
┌─────────────────────────────────────┐
│ 第四步:观察对方的表现                │
└─────────────────────────────────────┘
                  ↓
┌─────────────────────────────────────┐
│ 第五步:对于进步给予称赞或给予再指导  │
└─────────────────────────────────────┘
```

图 5-12 辅导的常见程序

二、绩效信息收集渠道

绩效跟进和考评都需要获取充分的信息,信息的广泛性有利于提高考评的准确性。收集信息的渠道主要包括如下几个方面。

(一)员工本人

绩效信息最主要的搜集途径是由员工自己搜集和提供相关资料。仅凭管理人员收集相关资料是行不通的,既费时又费力,更容易引起员工对资料准确性的质疑。员工可以用标准化的工作报告和自评报告等方式,提供关于自己工作的各种信息,这样既可以节约上级的时间,也可以提高下属的参与度,使下属能更好地展现自己的工作成果。

通常情况下,员工本人会更偏向于汇报已经完成了进展或达成了目标的信息,而对于由于市场或者其他意料之外的因素造成的超出或低于预期的信息,他们通常不会如实汇报。此时,绩效管理部门可以设计一份表格,让员工汇报超出或不足的理由。当然,当绩效目标未达成时,员工会作外部归因,强调外部环境的作用。因此,员工本人只能作为一个信息的获取渠道,还需要其他渠道作为补充。

(二)财务部门

财务部是确定员工业绩的重要途径。当然,通常情况下,财务部只能为可以产生财务结果的人员输出信息,对于基层员工,管理者通常无法从财务部获得有用的资料。为确保财务部门提供的数据的正确性,有些公司把会计工作交给了总经理等领导,而大型的公司集团则设立了一个垂直管理的财务制度,使之最终归于高层管理者管理,并能给出正确的信息。

(三)客户以及外部市场

顾客和外界市场的反馈也是获取信息的一个主要途径。透过对顾客评估的理解,能够认识到绩效的真正意义,并判定绩效结果是否能够维持。许多公司都会定期对支持部门进行内部客户满意度调查,以提升内部客户对支持部门工作成果的满意度。

（四）其他员工

与员工共同工作的其他员工,例如,同事（有时会形成内部顾客关系）和下属,自然也可以提供真实的消息,通常是有关达到绩效目标的方法与过程的消息,这些信息对于员工绩效的衡量也是至关重要的。某些情况下,从同事和下属那里得到的信息,会被他们之间的关系所左右,所以通常情况下,会使用匿名的方法去获得相关的消息。即便如此,下级对上司进行的评估,仍然会对上司造成一些精神上的压力,这也会在一定程度上对上司的权力运用造成阻碍。因此,要谨慎地利用来自部下的评估资料。

在收集资料的时候,必须遵守相关性原则,也就是说,那些跟员工的工作没有任何实质联系的信息渠道不能参与信息的提供,因为那些渠道所带来的信息通常没有客观意义。

三、绩效考评方式

（一）自我评价

绩效考评的过程很关键,一个科学、严谨的考核过程能够让人从心里感受到考核的正确性和合理性。在进行绩效考评时,通常首先要进行的是自评。将其称作绩效考评而非业绩考核的原因在于,绩效考评包括两个方面的内容:一个是考核;另一个是评估,考核只是简单地看是不是达到了预定的目标,评估的内容主要是目标达成的方式和方法、过程,以及与之相比,同行的进步与倒退,从而让员工能够更好地提高自己的业绩。

通过自我评价,可以激励员工对自己的工作绩效进行全面、细致和坦率的描述。员工可以利用自我评价来收集与自己相关的数据,并对自己的工作展开全面、系统的总结和展示、分析,从而开发出自我评价和自我提高的能力。这样的评估可以让上司更好地理解员工对薪酬、晋升等方面的期待。

图 5-13 是绩效考评一般程序的示意图。

图 5-13　绩效考评的一般流程

　　大多数公司的自我评价不会被计入权重评级中,因为这会造成员工的自利性倾向——高估自己的表现,他们害怕客观地进行自评会造成自己的损失,如果其他人都对自己有过高的评估。

　　管理者要引导和激励下属,使其可以正确描述自己所付出的努力及所获得的结果,同时要更多地收集自我评价的支持信息和证明资料。与此同时,也让保留绩效报告变成了一种有价值的工作,因为在若干年以后,我们依然可以通过它了解一个员工在过去的业绩。若仅仅是评分,这种报表一星期之后就会被忘记,原因在于它不能提供足够的描述性事实和客观数据。

（二）主管考评

　　必须指出,在任何情况下,管理者都绩效考评的主要参与者。当主管的管理范围太大,层次太高,不能亲历亲为时,可以委托助理或建立考评部门来开展具体的考核和评估工作,绩效跟进、信息搜集,乃至初步的评估等工作,都可由助理或测评部门来完成,但最后的评估结果还是要由上级自己决定,并与下属进行交流。

　　很多公司都会通过人力资源管理部门或者外部的专业机构（如审计机构）来获取被评估人下属、客户对其评价的相关信息,但这种评估信息只是为主管人员提供一个参考,并不能让主管人员的主体位置发生变化。应该指出,有些公司采用越两级主管进行考核,即将绩效管理交于上上级主管,此时,绩效管理的主体应该是上上级主管。还有一些公司采用了一个双重领导的管理系统,对每一位管理人员都给予了不同的权重,最后汇总得分得到最终结果。

四、绩效面谈与结果反馈

在绩效考评的时候,管理者和员工双方会进行绩效面谈,对考核的基础和初步的结果进行交流。面谈的具体日期和时间要事先安排好并通知员工,以让员工有充足的心理准备。面谈持续时间通常在一个小时以内。面谈需要在一个相对独立和安静的地方进行,以免受到太多干扰。

面谈之前,主管要做好相关的工作,比如准备与评估结果相关的资料,预测被考核人员有可能提出的问题并想好应对。考评也包含了对员工绩效目标之外内容的评价,比如工作能力、工作态度等(需要说明的是,对工作能力和工作态度应该是评价而不是考核,不作为绩效结果的一部分)。同时,通过对当前的工作成绩和过去的工作成绩的对比,可以更好地理解当前的工作状况和员工的发展趋势。

与此同时,员工也要做好相关工作,如进行自我评价,准备若干问题与主管交流讨论。

绩效面谈是一种很正规的交流与反馈方式,有以下几点值得关注:

(1)要以相互尊重为前提,营造一种相互信赖的心态。管理者首先要明确交流的目的,与下属讨论工作中遇到的困难和问题,尽量站在对方的立场去看待问题,站在有利于下属绩效提升的立场上,给出一些建设性的意见,而不是挑剔的意见。

(2)保持平和稳定的情绪,尽量不与人起争执,在面谈过程中出现争执,要当机立断,转换话题结束争执,或者换个时间再进行。

(3)以客观反映员工工作状态的资料为依据,避免对员工个性的判断,例如"你的偷懒导致绩效未达标"等,要描述事实而非进行主观评价。

(4)对话要直截了当,针对每个目标执行过程,对成败进行剖析,给出自己的评估结果,对与错的评判要清晰,不能拐弯抹角。避免明明对员工的工作不太满意,而说出"我基本赞同你的自我评价"这样的话,这样会起到很大的误导作用。

（5）根据员工自身的绩效目标进行考核，避免员工之间的相互比较，否则会造成员工间的冲突。

（6）要记住，绩效面谈是一种双向交流，而不是上司的讲话，管理者要学会倾听，要让被面谈者积极参与，充分表达自己的意见和看法，让他们觉得自己是被尊重的，自己也有话语权。主管在面谈过程中表达自己的评估观点，倾听下属的观点，使评估结果更易于被认同。

（7）绩效考评并非旨在寻找缺陷。要了解员工的强项和优点，然后用几分钟明确地表达清楚，这样可以帮助他们制定自己的事业发展目标。

同时，以下三点也是主管必须清楚并重视的。

（1）绩效考评和薪资待遇都属于高度敏感的信息，如果处理不当，如考评制度和标准不透明，考评过程和结果不公开，将挫伤员工的工作积极性，导致员工之间的相互猜疑和人际关系紧张。当然，绩效考评本身也并非完全客观，它还会允许一定程度的主观判断，毕竟很多指标难以量化。而且，不同的人对同一行为和结果的评价也并非完全一致。但这不意味着绩效考评无法进行或者是不准确的，需要在制定考核指标和标准的时候多下功夫，能量化的量化，不能量化的使之行为化，减少考评体系的模糊性，并通过培训提高绩效考评人员的相关技能，提高绩效考评的准确性。

（2）绩效的反馈也是一项法定要求，包括中国在内的许多国家都有法律规定，不得直接开除业绩不达标的员工。通常需要管理者给员工一些提示，比如通过奖惩、暗示等多种方式，让员工知道自己的绩效如何，允许他们纠正错误。如果员工在得到正式反馈之后，仍然无法达成绩效目标，则可以将其解雇。根据中国的法规，对于不符合岗位要求的员工要先培训，或者经调剂后仍不能完成绩效目标的，方可辞退。

（3）绩效考核结果出来后，由各方共同签署考核成绩，以示对考核成绩的认同。为便于考核双方进行严肃的交谈，防止主管单方面隐瞒评价结果，一些公司会采取一种聊天记录单的方式，需要将双方的主要交谈内容进行详细的记载，并加以签名、确认。

五、绩效考评结果应用

在企业的人力资源管理系统中,绩效管理是一个关键环节,在一定意义上影响着人力资源管理各项工作的顺利进行(图 5-14)。

在整体的人力资源管理中,绩效管理处于中心位置。绩效管理工作想顺利的开展,就必须依靠人力资源管理各个职能的相互协调,同时,绩效考评结果也可以运用到人力资源管理的各个职能中,为人力资源管理的其他职能提供支撑。

(一)绩效结果与薪酬

绩效结果一定要与员工的薪酬挂钩。研究发现,虽然对员工绩效产生影响的因素有很多,但薪酬依然是其中一个主要的因素,把员工绩效成果和薪酬结合在一起,形成了一种付出和回报的条件关系,可以使企业的整体绩效得到极大的提升。将绩效与薪酬挂钩,使企业的薪酬制度更加客观合理,薪酬的增加或减少是企业绩效的最直接反映。若不能将绩效与报酬挂钩,就会使员工对工作业绩考核的重视程度和报酬的公平程度产生怀疑。

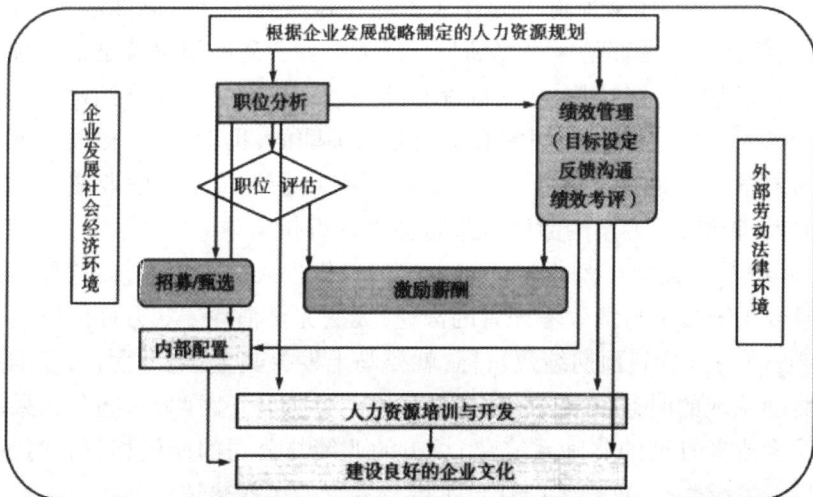

图 5-14　绩效管理在人力资源管理系统中的核心位置

可以计量的绩效目标将会更多地与奖励联系在一起,以完成公司给员工的承诺。而与表现和技巧相关的内容更多的是和涨工资相关,因为工作结果常常受到无法掌控的因素的制约,而良好的行为和技能却能够使工作绩效持续提高。一些公司更多地采用了奖金制度,这样可以让增加的人力投资不被固化,但员工更愿意获得更多的加薪,因为他们认为,工资的增加代表着对一个人持续创造价值能力的肯定。

有许多方法可以用来检验绩效和薪酬的匹配程度。实施了年薪制的公司通常表现为绩效级别与奖励指数的匹配,而这样的匹配既要充分地考量到企业人力投资的可接受性,又要充分地考量到个人绩效与团队绩效以及企业绩效之间的关系,从而才能够有效地解决个人绩效与团队绩效之间的离心倾向。采用佣金制度的企业应加强绩效预测,并考虑各种不可控因素,以防止出现过度开支的情况。

在将绩效结果与薪酬挂钩时,应考虑以下几点。

(1)员工对于奖励的意义的认知和预期。当薪酬与员工的预期不一致时,将会产生一定的影响。例如,随着人类对物质的追求的增加,对荣誉的追求就可能会逐渐降低。如果工资高于某一生活水准,它的刺激效果也就消失了。

(2)薪酬应与工作中的所有方面挂钩。当薪酬仅仅跟利益和收入联系在一起的时候,就会忽略质量和客户这两个因素。许多公司都对此束手无策,他们经常惊讶于为什么质量和客户类的目标很难达到,事实上,大部分的问题都是因为奖励与目标无关。变通的做法就是把薪酬与绩效或者考评等级挂钩,从而确保整体绩效结果和报酬完全挂钩。

(3)要让员工明白,报酬和绩效是相关联的,也就是说,相关的工资奖励方案应该是公式化的,并且易于了解,以便让员工了解业绩和奖励的关系,否则,该方案的激励效果将会大打折扣。

(4)员工需要了解报酬的多少与其工作投入是否相称,而这种相称有时取决于员工与绩效考评者的沟通,无法完全消除主观方面的影响。

(5)一旦达到预期绩效目标,就要马上发放奖金,绝不食言,即唯有在奖励兑现的时候,金钱的影响效果才会更明显。因此,一些公司采取了季度或者月度的奖励系统,当员工的业绩与公司的期望相符合时,就对员工进行奖励,这样才能让员工保持持续的工作热情。

(6)要让员工相信,管理部门可以公平地发放工资。

（二）绩效结果与职位

绩效结果也应该和职务的升迁挂钩。连续优异的绩效结果往往是个人绩效优异的表现，因此，如果有这种表现，就应该考虑晋升。但岗位的上升并不一定意味着在管理岗位上的上升，也可能意味着在技术岗位上的上升，通常与社会地位、责任、权利和薪酬的上升相联系。

将绩效结果与薪酬、职位升降相关联应该被当成是一种对员工进行激励与制约的方式，它不仅与正向的激励有直接的关联，还与负向的激励有一定的关联。当一个人的绩效表现不好的时候，应该对其进行一些负面的激励，比如薪酬的扣减，以防止员工与公司之间的关系发生单一性的变化，即利益均沾，而失败则是公司的独享，这种情况会促使他的人违背公司的长期或根本利益，而去抢夺短期的、高风险的利润。

（三）绩效结果与培训

当然，绩效结果还应该与平常的培训相结合，没有达到绩效目标的人，应该给予他们提高自己的能力和技巧的机会，而对于那些能够很好地达到绩效目标，并且被列入公司核心员工名单的人来说，他们也应该接受有关领导力发展等方面的训练，以便让他们能够更好地工作。

（四）绩效结果与人员配置

绩效评价的结果还会对人员的配置产生重要的作用。通过对绩效结果的研究，我们可以对一个员工的优点和缺点进行评估，从而将他安排在适合自己的职位上，而在他持续无法完成一项工作的时候，也可以与他终止劳动合同。

（五）绩效结果与招聘

绩效结果还会对公司的招聘环节产生一定的影响。在对绩效结果进行调查和研究的基础上，找出工作业绩优异的工作人员所具有的共性，以此作为员工招聘的标准和依据。很多公司都会构建素质模型

（competence model，也叫胜任力模型或能力模型），即是通过对那些表现出色的员工的内部特点进行研究，进而归纳出完成某项工作要具备的共性特点，从而把不同的素质特点组合在一起。素质模型可以使人员素质与工作要求更好匹配起来。

第五节　绩效管理体系的推进

一、绩效管理体系的试点、运行与修订

在特定的公司中，绩效管理体系的建立与执行是一项系统性的工作，不是一朝一夕就可以完成的。总体上，该体系是按照"试点—操作—修改—全面推广"的流程进行的。

试点是指首先在某个单位，例如一个部门、一个小型的工厂，对该单位的绩效管理系统进行试设计和试运行。通过试点，可以最大限度地减少系统风险，同时也有利于系统的整体、有效地运行。

试点应该具备一定的典型性，它应该是一个缩小的范围，而不是一个部分，假如只是单纯选择了一个功能部门，或一个生产单位，就不能找出在各个部门中使用的特征。因此，可以分别选取一个功能部门和一个生产单位来进行试点，让结果涉及更加全面。

实践中的绩效管理体系应当切实落实。首先要对各级领导及下属进行全面的教育，让他们了解该系统的含义及执行方式，并在实践中加以运用。可以先在短期内，像两个月、两个季度，把整个绩效管理过程运行两遍，找出更多的问题所在。在试点运行测试中，可以将在系统推行和运营中存在的问题和困难完全地曝光，以便于设计者和推动者在后续更大范围的推广中加以改善和把握。在试点期间，设计人员要针对存在的问题，对相关的系统进行修改，使其更符合整体的需求。

绩效体系的实施，通常会有一些专家团队来完成，专家团队一般都是以公司的主要领导为首，成员包括财务、人力资源和商业等领域的专家。在进行绩效管理体系设计的时候，专家团队要仔细听取各个部门、各个层级的员工提出的意见，员工的参与能够让这个系统获得所有人的

认可,也能够让这个体系变得更完善。

二、绩效管理体系的全面推广

(一)逐步推进,分层实施

在试用后,要想在整个公司内推行绩效管理体系,还需一个程序。为了能够逐渐地推动工作进程,缓解工作的压力,可以采用分级的方式,按照先组织、后个人的顺序来进行,也就是先不针对个人,而要对组织的绩效进行评估。一方面,企业绩效考核在目标上较易于定量,便于推广;另一方面,因为不针对某个人,它更能被员工们所接纳,如果在整个企业的层次上取得了进展,就可以向个人层次推进。归根结底,业绩的职责必须落在具体的员工身上,而绩效管理并不只工作表现的评估。

(二)先推进工作目标,后价值观与行为表现

一些公司的绩效管理体系,除了包含工作目标之外,还包含价值观与行为表现,甚至是能力发展方面。在实施的最初阶段,我们可以首先对工作目标进行推进,这是由于它具有高的可测量程度,更易被员工所认可。经过一段时间,人们对绩效管理的概念已经形成了共识,而主管人员也对评估的技巧有了比较好的把握,之后,再实施价值观与行为表现或者能力发展方面的考评。

(三)进行绩效管理培训

要想完整实施绩效管理体系,就必须有足够的自上而下的绩效管理培训。如果缺乏良好的沟通技能,主管就很难有效地开展工作。为了提高训练的效率,通常会聘请一些专门的培训公司,俗话说,外来的和尚好念经,相比之下,外面的培训公司的培训效率要高于企业内部的培训人员。同时,从执行过绩效管理体系的公司中走出来的专家,在公司高层和员工中也更容易被认可。大多数公司都会利用外部力量来推进绩效管理工作,有些是由顾问公司来完成整个过程,有些则是通过培训和交流等方式,总体上说是利用了外部力量的经验和优势。

在培训过程中,要展开针对目标设置、绩效考评、绩效面谈等方面的内容,利用模拟和分组讨论的方式,让员工能够更快地了解相关过程。与此同时,还可以让主管掌握评估、辅导、激励、解释、倾听、说服等技巧,提前察觉出存在的问题,并积极地寻求问题的答案,这种培训方式可以有效地降低评定出现的失误。

(四)及时提供专业的技术支持与辅导

在实施阶段,有专门的机构在现场提供及时的技术支援和指导是很有必要的。高管们在执行绩效管理上的激情短暂且不够持久。在目标设定、绩效分类,尤其是对一些不易测量的绩效进行定义时,要确保他们能够方便地获得专家的协助,这个协助必须是及时且高效的,以便保持他们的积极性。若反应迟钝,则管理者的积极性就会降低,导致推广进展缓慢。

(五)发挥员工参与的积极性

在执行过程中,要充分发挥企业员工的积极主动。绩效考核的目的是对员工进行考核,是为了让员工有活力、有动力,让员工更好的工作。各级负责人和员工是进行绩效管理的主要对象,他们可以在专家的指导下,对自己的绩效目标方案进行设计,这种方式能够让他们与每个岗位的特征相匹配,从而提升他们对绩效管理的效能,同时也让他们对自己的工作内容和目标进行有益的整理,从而让他们的主观能动性和创造力得到充分的体现。

(六)有耐心地推进和完善绩效管理体系

绩效管理体系的建立和完善是有一个发展过程的,不可能所有的企业都一下子达到很高的管理水平。要建立完整的绩效管理体系并全面执行,需要结合企业的实际发展需要。在每个考核周期的末期,可以让领导小组及各级主管对绩效管理各项工作的开展进行自我评价,这项工作至少要持续三年。

（七）逐步推行绩效结果的应用

绩效结果的运用则是绩效考核的一个关键步骤,如果没有成果运用,绩效考核就会成为一种形式化的考核。然而,在绩效推动的初始阶段,由于绩效管理制度的不健全,以及管理者在业绩评估上的欠缺,常常会造成业绩的失真。在绩效结果与薪酬等关联在一起的情况下,绩效评估将成为一个十分敏感的问题,员工对绩效结果会更加重视,而如果上级人员没有能力做出客观、公平的评价,就会产生不好的影响。因此,要将绩效结果与相关的人事职能挂钩,确保绩效考核体系的可靠性,进而取得预期的成效。通常情况下,原则上的挂钩是在实施绩效管理制度的第二年就开始了,到了第三年,才能制定出具体的挂钩方案。

（八）绩效管理体系的制度化和规范化

要重视绩效管理体系的制定及其标准化,并将其转化为书面形式。对每年执行过程中出现的新问题,应提出相应的解决办法,并将其添加到绩效管理系统中。可以对绩效管理体系进行年度修订,让公司员工对公司的最新动态有及时的了解。

第 六 章

薪酬体系

第一节　薪酬的一般概念

一、薪酬的内涵及相关概念

（一）薪酬的内涵界定

薪酬的本质是组织为员工劳动提供的回报或报酬。[①] 薪酬与我们每个人都息息相关，各国的学者也对薪酬做了各方面的研究，但是一直以来薪酬的定义并没有一个统一说法。参考各国学者的研究成果并结合我国的具体国情，本书认为薪酬是指："员工通过从事企业所需要的劳动，而得到的以货币形式或非货币形式所表现的补偿，是企业根据有关规定应付给职工的各种劳动报酬，包括职工工资、奖金、津贴和补贴、医疗、养老、失业、工伤、生育等社会保险费，以及住房公积金、工会经费、

---

① 王少东，张国霞，邓瑾，吴晓荣.企业人力资源管理 [M].北京：清华大学出版社，2012：160.

职工教育经费、非货币性福利等因职工提供服务而产生的义务。"[1]

（二）薪酬的构成

从广义的角度看薪酬的组成情况如图 6-1 所示。

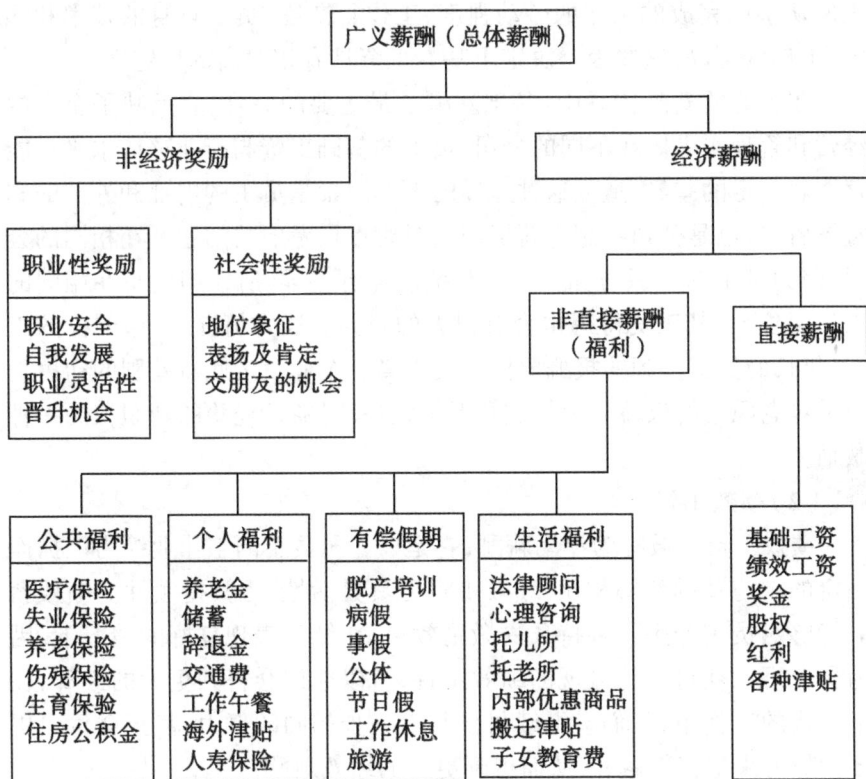

```
                    广义薪酬（总体薪酬）
           ┌──────────────┴──────────────┐
       非经济奖励                      经济薪酬
    ┌──────┴──────┐              ┌────────┴────────┐
 职业性奖励    社会性奖励      非直接薪酬        直接薪酬
                              （福利）
 职业安全      地位象征
 自我发展      表扬及肯定
 职业灵活性    交朋友的机会
 晋升机会
          ┌────────┬────────┬────────┬────────┐                   │
      公共福利   个人福利  有偿假期  生活福利              基础工资
                                                        绩效工资
      医疗保险   养老金    脱产培训  法律顾问            奖金
      失业保险   储蓄      病假      心理咨询            股权
      养老保险   辞退金    事假      托儿所              红利
      伤残保险   交通费    公体      托老所              各种津贴
      生育保验   工作午餐  节日假    内部优惠商品
      住房公积金 海外津贴  工作休息  搬迁津贴
                 人寿保险  旅游      子女教育费
```

图 6-1　总体薪酬的构成

经济薪酬主要由以下内容组成。

---

[1]　郑海天，张帆.跨国兼并企业管理人员的薪酬设计 [J].国际贸易问题，2003
（4）.

1. 直接薪酬

（1）基本工资

基本工资是指公司支付给员工的一种保障性工作薪酬,其依据是员工所从事或完成的工作的劳动强度、工作复杂度、员工自身的技术和能力、工作资历等,这些因素决定了基本工资具有相对高的稳定性。

在企业的薪酬体系中,基础薪酬是最主要的一环,它反映了企业的经营和管理水平。在不同的公司,员工的基础工资与行业整体水平可能存在着一定的差异,造成这种差异的根本因素是员工的内部和外部的利益矛盾,这也是公司在制定薪资制度时要重点考虑的问题。在相同的公司,因为员工的知识、技能、资历和绩效各有差异,所以即使是在相同的工作岗位上,其工资待遇也会有很大的差异。通常情况下,做同样的工作,年长的员工得到的报酬要比新员工高。企业设定底薪差别的初衷是为了对老职工的权益表示尊敬和保护,也是对缺乏经验的新职工的一种激励。

（2）绩效工资

绩效工资又被称为浮动薪酬,它是以公司员工的工作业绩为依据而制定的。与基础薪酬相比,绩效工资更具灵活性,更具持续性。绩效薪酬能够对员工产生一种持久的激励效果,在绩效表现良好的情况下,因为员工可以获得一笔可观的绩效工资,所以他们会得到更大的鼓舞,在下一步的工作中,他们会继续付出与上一步相同的努力,甚至会付出更多的努力来把工作做好,从而得到更多的绩效薪酬。

（3）奖金

奖金属于奖励性薪酬的范畴,它是指企业对员工的超额的工作的部分或在工作中表现突出的部分所给予的补偿,奖励是以业绩标准为基础。奖金的获取是有条件的,只要能满足公司预先设定的条件,就可以获得这一部分的奖励(如全勤奖、绩效奖金等)。在薪酬的总体组成中,与基础薪酬的稳定性相比,奖金具有较大的变动性和灵活性,它的主要作用是激发员工的工作热情。

（4）津贴

津贴的发放是对员工的一种补偿。有些企业因为工作环境恶劣,或者是居住条件艰苦、气候条件较差等因素,会对员工的工作产生不良的影响。比如说,有些科研机构,因为研究会产生一些放射性物质,会使工作人员遭受辐射,从而影响到工作人员的身体健康,因此,公司会采取一些物质奖励的手段来对员工所受的伤害进行弥补。这就是典型的跟工作能力无关、跟工作态度无关、跟工作条件有关的一种工资形式。

（5）股票期权

股权激励的形式有职工持股激励和职工股票期权激励两种。持股激励通常以中高管、核心骨干及技术骨干为对象;股票期权激励通常以高管为对象。这样的薪酬方式把员工的个体利益和企业的总体利益结合在一起,可以最大限度地激发员工的工作热情。

2. 福利

福利是公司为了提升员工对公司的好感和忠诚而设立的一种报酬形式,是报酬的一个重要组成部分,通常以非现金和延期支付形式为主,属于一种普遍适用的薪酬方式。福利是一种额外的收入,它没有体现在员工的直接报酬中,也没有表现为现金,因此,在评估整体报酬时,往往会被员工低估。实际上,福利在提高员工的工作、生活水平方面,在保障员工的身体、精神健康方面都有很大影响,所以,公司应尽量让员工意识到福利的好处。

二、薪酬的功能

企业薪酬所具有的主要功能,可以从雇佣者和雇主两个不同的方面来进行分析。

（一）薪酬对雇佣者的功能

薪酬是企业员工最重要的经济来源,它能解决员工的工作所需,也能解决职工的生活需要。在当今时代,工资的职能并不局限于经济和物质保障,还有一个更高层次的职能,就是满足心理上的需要。

1. 财政保证功能

员工得到薪酬，就是得到一份经济保障，从而能够保障自己以及家人的物质需要。在我国，越来越多的人进入职场，通过自己的努力获得薪酬，满足自己及家人的生活所需。目前，薪酬依然是员工生存的最大保障。

2. 精神动因功能

薪酬的激励作用是它之所以能作为有效的经营工具而得以存在的重要原因。激励功能是指公司利用薪酬来影响员工的工作意愿，提高员工的工作积极性。激励体现在两个方面，一是激发员工对自身价值实现的追求，一是激发员工对物质利益的追求。价值实现和利益实现是每一个人都在追求的目标，一个科学的薪酬体系，不仅能够让员工获得经济收入，提升自己的生活水平，还能够让他们的价值获得组织的认可。

3. 安全要求

安全需求是员工对自身生存状态的一种期望，更是他们对公司身份的一种期望。稳定的薪资，可增加员工对公司的信任与归属，增加员工的安全感；否则，很可能造成其心理上的无序与失衡，使他们对公司失去信心，进而对他们的工作状况产生不利的影响，致使其工作效率下降。

（二）薪酬对雇主的功能

1. 引导功能

公司的薪酬政策清楚地反映了公司的方针、目标、规划、意图。我们不能只将工资作为一个简单的经营手段来看待，更要重视薪酬的价值取向,而这正是实施薪酬战略化的重要目标。实践中,不少企业把薪酬体系的制订作为一种战略管理方法,给予了它新的含义。

2. 竞争功能

从某种意义上说,一个公司的薪酬是其实力水平的体现。在高度竞争的环境下,企业往往会采用增加薪酬的方法,来吸引更多的优秀员工,提高现有员工的保留率。在现代社会中,人才是一个公司成功与否的决定性因素,所以,通过招聘和保留优秀人才来提升公司的生产力,能够增强公司在行业中的竞争能力。

3. 增值功能

员工的报酬来源于公司的经营收入,公司和投资人通过向员工支付报酬,刺激员工工作积极性,以此获得更高的利润。在生产过程中,公司需要做的一件事情就是,雇佣劳动力,而作为换取劳动力的交换条件,公司需要向其支付报酬。任何一家公司,都不会雇佣不能产生更高利润的员工,所以,以薪酬为中心的人力费用的投入,能够给投资人带来超过他们期望的利润。

4. 组合配置功能

工资直接关系到公司的运营费用,要想在降低员工工资的前提下,达到更高的生产力,就需要进行适当的分工。由公司制订并实施的薪酬制度,能够让员工对公司的运营和管理目标有一个清晰的认识,从而促进员工将自己的目标与公司的目标结合起来。同时,也能对各个生产、运营阶段的员工配置做出适当的调整,从而使公司的资源得到充分的利用。

第二节　薪酬战略制定与框架结构设计

一、薪酬战略制定

（一）薪酬战略需要解决的基本问题

在制订薪酬战略的时候，制定者应该清楚在执行流程中，哪个因素应该是优先考量的。综合来看，薪酬战略所要处理的主要问题有以下几个方面。

（1）与薪酬分配的目的相关的决策。薪酬是怎样支撑公司的发展战略和运营的？如何应用薪酬战略来应对公司面对的法律约束？薪酬是怎样有助于公司加强自己的价值观的？面对新的业务环境与文化环境，公司应当怎样进行薪酬战略的优化？

（2）关于如何获得内部公正和一致度的决定。也就是说，该怎样利用薪酬的决定（如薪酬结构、薪酬等级以及级差），来反映出在公司中各个岗位上具有不同的技术和业绩水平的人所做出的贡献。

（3）关于公司如何在市场中获得竞争优势的问题。即他们会不会采用与其他竞争者相同的薪资标准来招揽更多的人才，或者要靠高于市场平均水平的薪资，招揽与其他竞争者有差别的人才，从而形成竞争力。

（4）对员工做出的贡献是否认同的决定。即对基础薪资进行调整的基础究竟是什么，它可以是个人或者团队的绩效，也可以是个人的知识、经验增长以及技术的提升，亦或者只是一种根据员工的不同的岗位和工作情况，来制定出具有差异性的绩效奖励方案。

这些问题的答案是公司报酬的基本内容，也形成了公司的薪酬战略。

（二）薪酬战略制定的基本流程

薪酬战略的制定过程与企业战略的制定过程是一致的，但具体分析的项目是不同的。借用企业战略的分析与制定过程，可以将薪酬战略制定的基本流程绘制如图6-2所示。

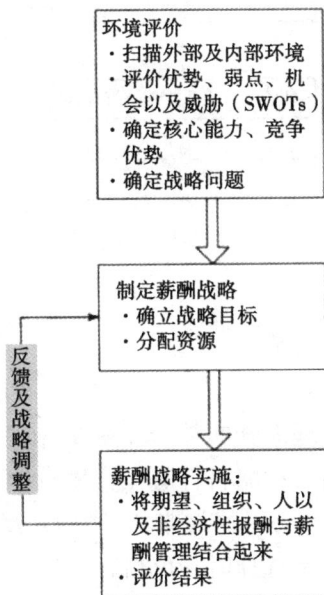

图 6-2　薪酬战略制定的基本流程

1. 影响薪酬决策的环境因素分析

在制定薪酬战略时，要根据实际情况，找出机遇，规避威胁，发挥优势，避免劣势。从总体上讲，环境的分析包括公司内部经营管理环境和外部环境两个方面。借助环境分析，制定人员应该进一步考虑公司的战略目标、公司对员工的期望值，以及预期与现实之间存在的差异，从而确定薪酬战略在公司整体战略中的强化焦点，也就是人员类型与企业的价值体系，将其作为薪酬战略决策的核心，如图6-3所示。

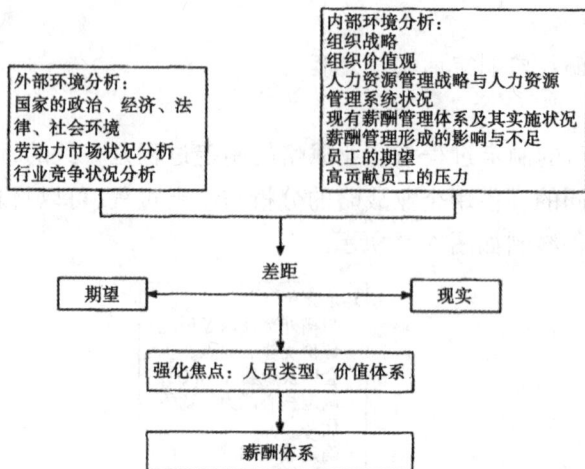

图 6-3 环境分析的价值

2. 薪酬战略目标的选择

　　通过对企业薪酬管理面临的外部环境及内在条件的分析,使企业薪酬战略决策者对企业薪酬战略目标有一个大致的认识。基于这一点,在制定薪酬策略时,要联系公司的战略,来明确薪酬管理策略的目的。在进行薪酬管理的战略目标选择时,其分析路径如图 6-4 所示。

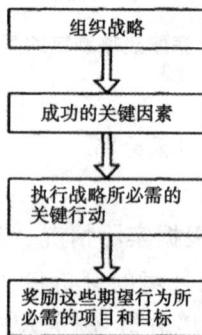

图 6-4 薪酬战略目标的选择

　　(1)决定组织成功的关键因素以及为了成功地完成任务或在市场上取得期望的地位,组织必须去做的事情,包含为实现组织策略,业务成功的关键因素,在成功因素中表明进步的基本指标,以及在完成组织目标的过程中可能面临的一些问题和阻碍。

（2）组织策略的有效实施所必要的行为和行动，包含为了实现组织目标，完成预期成果而需要员工完成的工作，完成的工作的数目和参加该工作的人数；是采用全员参加还是团体参加的方法；组织的员工，对于他们所要完成的任务和任务的重要性有多大的理解，也就是沟通程度的确定。

（3）确定对这些期望行为进行奖赏的方法和项目。要根据员工的需要与公司现状，确定可供选择的激励方法与激励措施。一般而言，可能的选择项目有以下几种。

①基本工资计划。

②绩效工资计划。

③可变或激励工资计划。

④业绩管理项目。

⑤特殊贡献认可计划。

⑥其他项目。

（4）为了达到的各项指标，每个计划要满足的基本要求分析。主要包括以下方面。

①以个体为单位的规划，还是群体为单位的规划。

②该项目在市场中有多大的竞争力。

③这一方案究竟是注重高收益还是高安全。

④"规划"是"支持"还是"主导"。

⑤该方案适用于个体还是群体。

⑥该计划是单独实施还是必须与其他计划或项目合并实施。

（5）目前的薪酬管理体系能否与这些需求相匹配，并对其中的差距进行剖析。

①现有的薪酬体系在哪些方面符合或超出规定。

②目前的薪酬体系有哪些缺陷，对其产生了怎样的影响。

③在现行的薪酬体系中，究竟存在着什么问题，以及应该在什么地方进行变革。

④企业（或企业管理层）已做好投入时间、精力和资源以实现预期变化的心理准备。

⑤在运行过程中，这种改变对于当前的策略以及对当前问题的处理来说，是不是至关重要。

在对以上问题展开了有效的分析之后，薪酬决策人员就可以根据组织的具体状况和战略目标的需要,来决定薪酬战略目标、重点及薪酬组合策略。

在确定了每项战略的目的和要求之后,薪酬战略将会按照新的经营管理理念来支撑并促进变革的过程。从战略薪酬的角度来看,将会把重点放在薪酬战略如何有效地促进企业的战略实现上,而不会把重点放在如何有效地实施的薪酬策略上。整体的薪酬架构将会着重于投入的方式以及投入的方向,而非着重于花费的金额或者公司如何追赶其他竞争对手。

3. 薪酬目标的分解与方案设计

在薪酬战略的目标与重点决定以后,薪酬决策人员需要通过具体的薪酬计划去确保薪酬目标的实现,包括激励与保留的重点员工类型、强化的具体行为与价值体系。

在制订实现薪酬战略目标的行动计划时,薪酬决策人员应按照SMART原则进行,如图 6-5 所示。

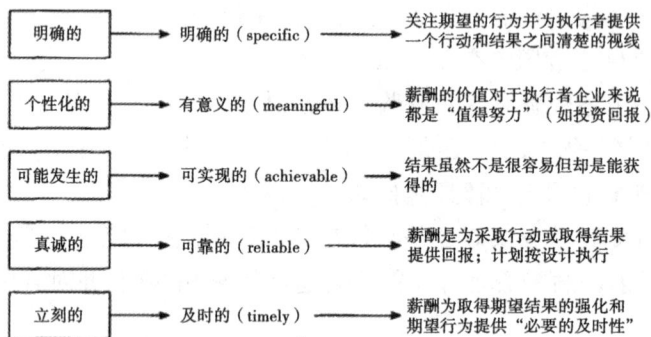

明确的	→	明确的（specific）	→	关注期望的行为并为执行者提供一个行动和结果之间清楚的视线
个性化的	→	有意义的（meaningful）	→	薪酬的价值对于执行者企业来说都是"值得努力"（如投资回报）
可能发生的	→	可实现的（achievable）	→	结果虽然不是很容易但却是能获得的
真诚的	→	可靠的（reliable）	→	薪酬是为采取行动或取得结果提供回报；计划按设计执行
立刻的	→	及时的（timely）	→	薪酬为取得期望结果的强化和期望行为提供"必要的及时性"

图 6-5　SMART 原则

从图 6-5 中可以看出,薪酬计划的目的是把薪酬战略和目标转变成真正的薪酬制度,其关键是要把推动人类行为的知识应用到与薪酬相关的制度和实践中去,寻找并使用正确的强化组合。

4. 薪酬战略目标的落实

战略薪酬的观点强调薪酬体系与薪酬实践的一致性。在现实生活中,我们经常会发现,一个有着健全的管理体系的企业,往往也会存在这样或那样的问题。从理论上分析,主要问题并非制度本身,而在于制度与实际脱节,导致了制度无法真正实施。所以,在实施了一系列的激励措施之后,如何有效地留住关键员工,强化组织的价值和员工的行动,从而为组织获得更多的竞争优势,就变得格外重要,这决定了是否能推动组织的战略目标的顺利完成。

在这个过程中,与部门管理者进行充分的沟通交流非常关键,但同时让员工充分理解薪酬方案也非常重要。在薪酬方案的执行过程中,最重要的是要了解薪酬战略和其他人力资源功能战略之间的集成的关系,并且要充分了解各个薪酬方案的目的。直线管理者的行为会对员工关于公司薪酬战略的看法有很大的影响,所以应予以重视。

薪酬管理者必须时刻关注薪资方案的执行,并在需要时给予恰当的监管与指引。

5. 薪酬战略的反馈与调整

薪酬战略的制定和实施还有一个重要环节:反馈与调整。这意味着两个方面的工作。

(1)薪酬战略实施中的反馈和调整。薪酬战略是一个比较长期的公司决定,执行的时候,会发现一些薪酬方案没有很好的针对性。导致这种情况的原因有很多:一是决策干扰因素导致了决策准确度难以保障。二是企业面临的形势不断发生着改变,即使在做出决策之时,决策本身是科学准确的,但各种各样的意外情况,会让企业的薪酬决策无法与不断改变的形势相匹配。因此,企业的薪酬管理者必须时刻关注薪酬战略的执行,并对薪酬战略的执行结果进行及时的反馈和修正。因此,必须确保企业的薪酬战略有足够的灵活性。

(2)每一个薪酬计划周期结束以后,都要对上一个周期的薪资规划实施情况进行总结、反馈和分析,对薪资计划的实施情况进行检验,并根据进度对下一个周期的薪酬规划进行修正,以保证薪酬战略的不断落实和实施。这项工作由3个必要的基本活动组成。

①对企业薪酬策略的内部依据进行分析。可以利用外部因素评估的方式,对组织的竞争者的策略变更等外部因素进行分析;采用内部因素评价法,评判组织内部优势、劣势,从而确定薪酬战略的制定依据是

否需要改变。

②把期望的效果和实际的效果相对比。通过对比分析,来判定策略执行的效果与策略制定的期望相符与否,也有些企业只从绩效的观点来判定策略的一致性。如果偏差过大,就要对原来的策略的合理性进行检验。

③提出纠正偏差的对策。制定相关的矫正行动,对薪酬战略略做出调整,保证薪酬战略与公司的总体战略、内外环境相一致。

二、薪酬框架设计

（一）薪酬体系设计的基本程序

依据一系列的科学化原则,企业薪酬体系设计是按照一定的步骤,分成以下六个基本环节完成的(图6-6)。

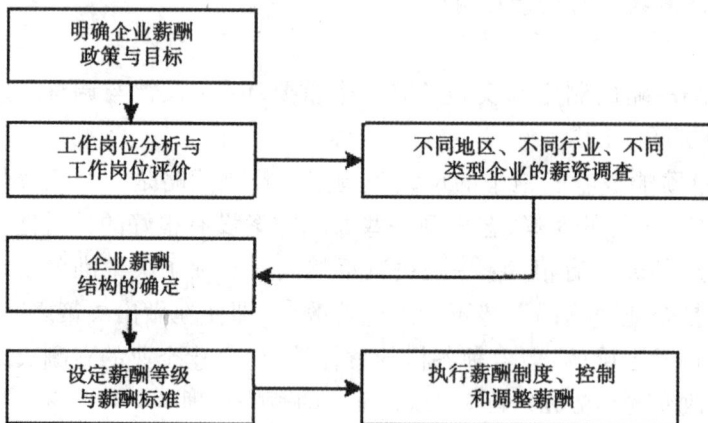

图 6-6 薪酬体系设计的基本程序

1. 明确企业薪酬政策及目标

明确企业的薪酬政策和目标是薪酬体系设计的首要和关键环节,在设计薪酬体系的时候,必须首先明确公司的战略和价值观,因为战略和价值观具有宏观指导性,是组织各项工作开展的依据。薪酬政策要服从于公司整体的人力资源战略和政策,二者要协调一致。通过薪酬政策的执行,可以对公司员工的薪酬进行有效地管理,从而保证薪酬的外部竞争性和内部一致性。薪酬政策通常包含公司对员工的人性观、总体价值、管理骨干及高级专业人才的评估等核心价值观,以及相应的薪资分配相关的政策,如薪资支付依据、薪酬水平、薪酬结构、薪酬构成等。

2. 工作岗位分析与评价

通过对工作岗位的剖析与评估,可以使员工对公司某个工作职位的工作性质、员工在此职位上所要负的职责和该职位对员工的专业技能、身体条件、工作经验等的要求有一个比较详细的了解。

职位剖析即岗位剖析,主要包含两个部分:机构架构的设置和职位说明的撰写;岗位评估中,重点在于评估因子的确定和评估方式的选取。这两个方面是制定公司薪酬制度的基础,可以通过对其进行设计,生成公司的组织机构系统图、职位说明书和职位价值序列。这是确保内部公正的重要环节,要用特定的数额来表达每个职位对公司的相对价值,该价值体现了工作承担者对公司的贡献度以及公司对工作承担者的需求度。应当指出,在确定工作的相对价值时,并非每个工作承担者都能够获得对应数额的报酬,在此数额确定之前,还必须进行工资的分层与定薪。

3. 不同地区、不同行业和不同类型企业的薪酬调查

市场薪酬调查的重点是对公司所属的区域及行业进行调查,在进行此项调查的时候,公司需要对两个问题进行深入的探讨,那就是“调查什么”和“如何去调查”。调查的内容就是关于这个地区、这个行业以及其他的竞争者的薪酬状况。调查的方式包括电话调查、网络问卷调查、一对一面谈等。在进行了一定的市场薪酬调查之后,可以对影响公司薪酬战略制定的多种外界因素进行准确的掌握和理解。比如,对本行业的工资水平以及劳动力市场的人才供应和竞争进行分析,进而有助于公司设计更加具有公平性和竞争性的薪酬制度。

4. 企业薪酬结构的确定

要对公司薪酬体系的结构进行确定,一定要对各种因素进行全面的考量,其中包含了公司的实际情况、相关行业薪酬调查的结果、工作岗位的分析等情况,在这个前提下,就能够对公司的薪酬结构进行相应的调节,对每个职级的薪酬幅度、起薪点和顶薪点等指数进行科学的设计。

5. 设定薪酬等级与薪酬标准

所谓薪酬等级与薪酬标准,就是根据公司中所设定的不同的职位,来设定工资的数值,只有在对工作进行了评估以后,才能确定工资的分类和标准,从而可以按照岗位的价值,将岗位工资划分为各种级别,形成一个完善的薪酬体系。通过这个过程,公司能够对各个岗位的工资进行合理的设计,从而保证工资的公平性。

6. 执行薪酬制度,控制和调整薪酬

公司按照确定的工资级别和工资水平来执行薪酬制度。一般情况下,公司在设定了薪酬体系以后,短期之内是不会随意改变的,以保持公司运营的稳定性。要想在瞬息万变的社会发展条件下,确保公司薪酬体系的顺利运行,并且在人力资源竞争中保持优势,就必须对薪酬体系进行科学、理性的监控和管理,让薪酬体系能够充分地发挥作用。

经过一段时期的经营之后,公司的薪资体系很有可能已经无法与公司的发展相匹配,此时,进行周期性的薪酬调整,能够让公司的薪资系统与公司的发展步伐相匹配,并且,进行定期、合理的薪资调整,对于公司的员工来说,也是一种很好的鼓励。

(二)岗位评估

岗位分析反映了一个企业对于每个职位的预期和需求,但是它并不能将各项工作之间的相互联系展现出来,所以要利用岗位评价来对每一个工作展开分析和对比,并精确地评估每一个工作对企业的相对价值,从而得到一个职位等级序列。通过岗位评估可以得到按顺序、按等级、按分数排列的职位序列,从而计算出每个工作在企业中的相对价值。在对岗位进行了全面的评价之后,可对其进行岗位分类,将其分成不同的职系,或是其他的职位等级。

(三)薪酬调查

通过岗位评估,可以判断岗位的相对值,实现工资的内在公正。但是,为了更好地吸引和保持人才,除了注重工资的内在公平之外,还必须注重工资的外在竞争。所以,我们就有必要对本地区、本行业的薪资现状进行全面的了解,特别是对竞争对手的薪资现状进行详细的了解,并将市场薪资调研的结果与工作评估的结果进行综合,这样就可以构建出一条能体现出各个岗位平均市场价值的市场薪资线。

(四)薪酬竞争战略定位

公司真实的薪资水准,应以市场薪资水准为准,视公司薪资竞争力之策略取向而定。企业按照薪资竞争战略定位,修改所得的市场薪资线,形成了公司的薪资政策线,将职位的评价点值转化为具体的货币价值。这里我们总结出以下几种薪酬竞争战略。

(1)领先型战略定位,也就是公司提供比相应的就业岗位更高的报酬。在此策略的指引下,公司的工资水平应比市场价的工资水平更高。

(2)匹配式战略定位,也就是公司提供的薪酬接近于相应的就业岗位的就业岗位。这个薪酬战略与市场价相吻合。

(3)滞后型战略定位,也就是公司在相应的就业岗位上所提供的报酬比相应的就业岗位要低。采取该策略的公司,其报酬水平应比市场价低。

(4)混合型战略定位,也就是在决定报酬标准时,公司按照岗位的类别,或者按照员工的类别,制定差异化的报酬标准。例如,给核心人才开出比市场价更高的工资,给一般的员工开出与市场价相当的工资,给那些可以被替换的员工开出比市场价更低的工资。

（五）薪酬结构设计

从理论上来说,确立了薪酬政策之后,工资的管理工作也就结束了,这个时候,公司中各个岗位的工资都已被确立。但实际上,这是不现实的。特别是公司中有很多的岗位,若要为每个岗位都设置固定的薪资水准,则会致使日后的薪资处理工作相当繁琐,行政费用也相当高昂。而且,这样的工资制度对工作的轮替也是不利的。通常的做法是将评估点数比较接近或排名位置相近的多个岗位划分为一个级别,每个级别都有一个薪资变动范围,并且邻近的级别薪资可以互相交叉,这样就形成了薪资等级结构。

薪酬结构是在同一公司中,各个薪酬等级的相互联系,其中包含了薪酬等级的数量、变动范围以及彼此间的交叉和叠加,它反映了各个职位的相对价值及与其相应的实付薪酬的联系。在具体实践中,是不可能有一个十分完善的薪资级别结构的,所以,薪资管理人员一定要联系公司的具体情况以及公司的具体发展策略,对不同薪资结构的管理成本、公平性以及灵活性进行全面的考量,在此基础之上,挑选出与公司最为相配的薪资结构。

（六）薪酬方案的实施、修正和调整

在执行补偿计划时,应及时纠正偏离,以提高补偿计划的合理性与精准性。除此之外,还要构建一套工资管理的动力体系,以适应企业的发展情况和企业的发展趋势,及时地对工资计划做出相应调整,从而让工资计划能够更好地起到效果。

第三节　全面薪酬体系的构建

一、全面薪酬体系的概念

全面薪酬体系是指以经济型薪酬和非经济型薪酬两种形式，为企业提供一套较为完整的工资制度。全面薪酬体系注重的是让员工感受到自己的价值，并将其个体的行动与公司的整体战略紧密联系起来。综合工资制度的作用在于，它可以把企业愿景、使命等与员工驱动力、员工行为和目的等密切地结合在一起，从而保证员工与企业的步调一致，对战略和策略的有效实施可以拆解到每个团队、每个员工个体。

二、全面薪酬体系的主要构成

（一）经济薪酬

经济薪酬包括：
（1）基本工资：固定薪酬中最为基本的部分，包括员工岗位的基本工资水平。
（2）绩效工资：根据员工的工作绩效而发放的奖金或提成，以激励员工提高工作表现。
（3）业务奖金：根据员工在特定业务方面的绩效而给予的额外奖金，以鼓励员工在业务上的创新和成果。
（4）股权激励：通过股票期权、股票奖励或其他股权激励计划，使员工成为公司的股东，从而分享公司未来增长所带来的回报。

（二）非经济薪酬

非经济薪酬主要包括为公司的人员提供培训和晋升机会；工作与

生活的均衡,如工作时间灵活,电讯办公等;工作环境的舒适度,包括优化办公设施,优化企业的整体环境,保证员工的工作和就餐环境;企业的优势,包括企业的尊重、企业的包容、企业的多样化、企业的信任;公司价值的体现,比如公司与员工及顾客之间的和谐关系;员工的价值观,员工认可的奖励。

在对员工的激励方面,采用了不同的方法,比如,对企业的前景进行展望,使企业的发展有更高的追求;通过危机刺激,使员工认识到公司发展所面临的各种危险,并始终有一种危机感;内部动力,透过公司的文化宣传,激发员工的工作热情与激情;赞扬与鼓励,能设身处地地为下属着想,并对其做出的特定工作成绩进行肯定;"赛马机制",对所有的员工进行固定的绩效考核,并给成绩优秀的员工提供丰厚的奖励和广阔的职业发展空间;典型员工的鼓励,对典型的工作成果进行推广,以表扬等方式对典型予以高度的尊重,对典型支付高报酬并予以公布。作为一种可以让员工获得内部动力和进行自我管理的基本因素,精神报酬可以用来指导并推动员工的行动,从而能够凝聚出一股力量来集中注意力,并赋予组织弹性和柔性。

三、企业全面薪酬体系构建

（一）全面薪酬体系的构建原则与整体框架

1. 薪酬体系要实现激励与约束的平衡

科技的进步和市场经济的发展给人们提供了越来越多的发展机遇,人员流动性也随之增大,无形中增加了企业的人力投入成本,这就要求企业通过薪酬结构调整,提高中长期激励的比重;通过激励方案来实现对员工短期行为的约束,减少短期行为的发生;从适合中长期激励的方案着手提高中长期满意度,实现持续发展的目的,促进企业与员工的和谐共赢。

2. "贡献值"的导向要匹配公司战略目标

薪酬制度能够很好地引导企业的员工行为。企业的"贡献值",是在企业的价值创造中,相应的资源因素所带来的价值计量,这种值是可以比较的,它包括直接的价值和非直接的价值,即货币价值和非货币价值,例如,企业内部业务人员所带来的"收益贡献值",企业内部管理人员所带来的"管理贡献值"等。在建立全面薪酬体系的过程中,应该构建一套与公司长久利益相适应的考核指标,保证员工做出的努力是有价值的,这样才能确保个人的发展方向与组织的发展方向相吻合。与此同时,还要对末尾剔除机制进行严格的管理,对那些与公司的价值观不一致,无法完成业绩目标的员工,果断淘汰。

3. 非经济性报酬要成为激励员工的重要补充

非经济性报酬是提高公司管理水平的重要环节,是提高员工满意度的重要手段。伴随着公司发展的日渐成熟,员工的职业发展通道将会变得更加稳固,因此,公司的内部晋升的空间将会缩小,在晋级训练上的缺失也会导致一些职位产生了人才与职位不匹配的现象。此外,由于工作岗位的特点,导致了员工的工作时间不断延长,不少员工必须以自己在家庭方面的牺牲,来满足公司的发展要求。996、997工作制已经变成了他们的工作常规,他们在工作与生活之间难以有效平衡。对于这种状况,公司首先要建立良好的企业文化,强化对员工的绩效考核和奖励制度,完善公司的培训体系,让员工工作与生活之间的关系得到充分的改善,从而提高他们的满意度。

在建立一个完整的薪酬体系的过程中,要将经济报酬与非经济报酬有机地融合起来,提升公司的员工的满意与忠诚,从而达到对员工的激励作用。全面薪酬体系框架如图6-7所示。

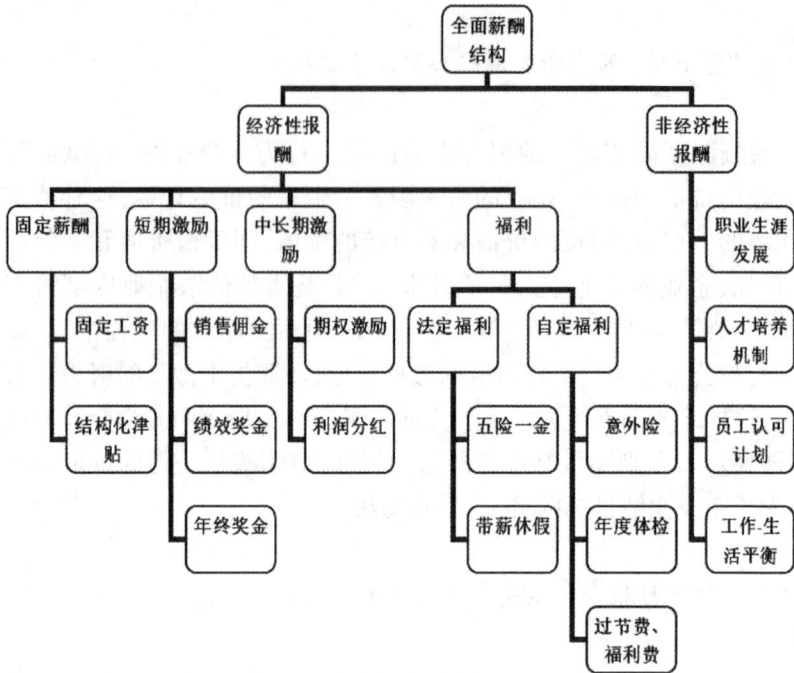

图 6-7 调整后某公司全面薪酬体系框架

（二）经济性报酬构建

1. 固定薪酬体系

固定薪酬体系，具体包含了两个方面：一个是基础工资；另一个是结构化补助金。基础工资不仅要确保员工的收入具有一定的稳定性，还要确保他们的收入具有一定的公平性。在原来的薪资体系中，使用工作排序法构建的薪资框架体系比较普遍，但它的判定标准缺少了科学性。在公司的发展过程中，由于公司的发展速度越来越快，工作人员的种类和职位也在不断增多，因此，我们就必须对职位价值展开更加科学的评价，降低人为因素对薪酬结果的影响，进而确保薪资的公平性。

2. 短暂型奖励报酬和长期型奖励报酬

与长期激励报酬相比,短期激励报酬是根据一段期间的绩效状况的变动而支付的奖励报酬,比如年度、季度和月度绩效情况。可以说,短期激励是为了解决当前的激励问题而设计的,而长期激励是为了促进公司的持续、健康发展而设计的,如图 6-8 所示为短期激励与长期激励的差异。

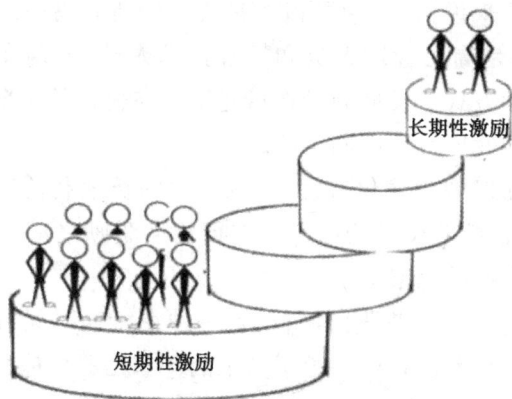

图 6-8　短期性激励与长期性激励

（1）短期性激励薪酬

①业绩奖励。对于大多数员工来说,业绩奖励还是很有吸引力的,能够给他们带来实实在在的利益。当员工完成或者超额完成绩效目标时,就可以获得奖励。业绩奖励是对员工过去绩效的认可。一般情况下,像业绩奖励这样的激励手段,都是非常直接的,效果也非常显著,可以极大地提高员工的积极性。

②进步奖励。进步奖励有别于业绩奖励,这是指在预先设定的标准上,由于生产力的改善或成本的节省而产生的利益,员工可以与公司分享一部分。对于工作标准明确、可测量的公司来说,进步分享激励是比较有效的。比如,一个生产员在制造一种产品时,如果超过了 100 个指标,他就会得到 100 元的现金奖金。不过,这种奖励一般都伴随着一种处罚,比如,超过了期望的工作目标,就可以获得奖励,而没有完成的工作,就会得到惩罚。

③即时奖赏。即时激励奖金一般是针对某个特定的工作或工作中

的杰出表现而进行的一种即时的奖励。即时的奖赏具有很强的激励功能，可以使员工养成好的工作习惯，从而使他们的工作效率得到很大提高。对于公司而言，及时的奖赏还可以营造一个好的工作气氛。

（2）长期性激励薪酬

跟短期激励有很大区别，长期性激励薪酬实质上要让员工对公司的长远利益有更多的重视，从而降低他们仅仅是为达到短期目的而采取的短期行为，让公司的内部凝聚力得到加强。与此同时，还可以提升员工的工作热情，从而能够更好地吸引和保留人才。

从理论上来说，长期激励指的是公司的所有者（股东），为鼓励企业的员工，尤其是高层管理人员和核心技术人员，长期在企业工作，而采取的报酬激励方式。长期激励将目光聚焦在公司的长期效益上，是为达到公司的长期发展目标而制定的。

在企业的发展与演化过程中，从企业的长远利益出发，其所产生的激励形式也是五花八门，因此，在进行长期激励之前，必须对各种不同的影响长远利益的因素有一个清晰的认识。

①股票期权。所谓股票期权，是一种在特定时间，以特定的股价买入公司股份的权利。企业所给予员工的并非是股份或股票，而仅仅是一项权益，即员工有权在一定的优待条款下购买公司股权。通过股权激励的方式，将股东的收入与公司的市值联系起来。但是，该股权不得用于转让、质押，或者用于抵债等。

②虚构股份。所谓"虚拟"股份，就是企业授予其下属员工的一类股权，其员工可以享有相应的红利、股权增值等权益，但其无所有权、无投票权、不可转移、不可继承。

从本质上看，它是一种可以享受到公司的分红权和股价升值权的证书，但是在此之外，它没有任何的权利，因此，它的授予对公司的整体资本和资本结构没有任何影响。

简而言之，虚拟股份与收益权有关，与其它利益无关，这就意味着公司的总资产和股份结构不会受到任何改变，因此，激励对象的收入水平是由公司的收入状况决定的。

③绩效股份。所谓绩效股份，顾名思义，就是给相关员工设定绩效目标，在完成既定的工作任务后，可以得到公司发放的一部分股份，但是，在领取之后，必须在特定的期限内，才能进行交易。绩效股份是一种有效的激励手段，它可以激发人们不断提高自己的绩效。

④员工持股。员工持股是指为了吸引、保留和激励员工,由企业内部员工出资认购本企业的股权,交给一家资产管理机构进行经营,从而达到企业员工参与企业管理、分享红利目的的新型股权形式。员工持股数以员工意志为基础,通常受员工职位、绩效等因素影响。出资方式通常是应付员工工资、奖金等现金报酬的一部分。

3. 福利体系

在对福利项目进行全面评价之后,在成本可以控制的前提下,为了能够有效地满足各种类型的员工对于福利的多元化的需求,公司可以实行灵活性福利管理。公司可以与某企业的福利平台进行合作,给出一个总体的福利预算,同时,因为该平台还与许多公司合作,能够为员工带来更多福利类别,这样就可以让员工按照自己的实际需要,选择自己想要的福利项目和种类。该种做法在成本可控制的条件下,大大解决了员工在福利上的多样化的需求。

(三)非经济性报酬构建

1. 构建复合式双通道职业发展路径

通常来讲,公司的员工分为三种:第一种是管理人员,即各个渠道的基层、中层和高层管理人员;第二种为专门人才,包括各个业务部门的工作人员、审核人员和信息技术人员;第三种市场营销人员,主要负责各个销售渠道的客户管理工作。在公司高速发展过程中,单一的管理渠道会慢慢地变得饱和。此外,一些具有强大的专业能力,但缺乏足够的管理水平的员工,也迫切地想要得到职业发展和自我价值认同。因此,复合式双通道职业发展路径将专业通道与管理通道进行了有机地融合,让员工能够利用各种不同的途径,来实现自己的价值。这样不仅能够实现在个体层次上的发展需求,还能够与公司战略目标发展的需求相吻合,从而更好地解决仅仅靠职位晋级就可以得到报酬奖励以及荣誉的问题,保证了员工与岗位之间的高度匹配。职务发展通道见图6-9。

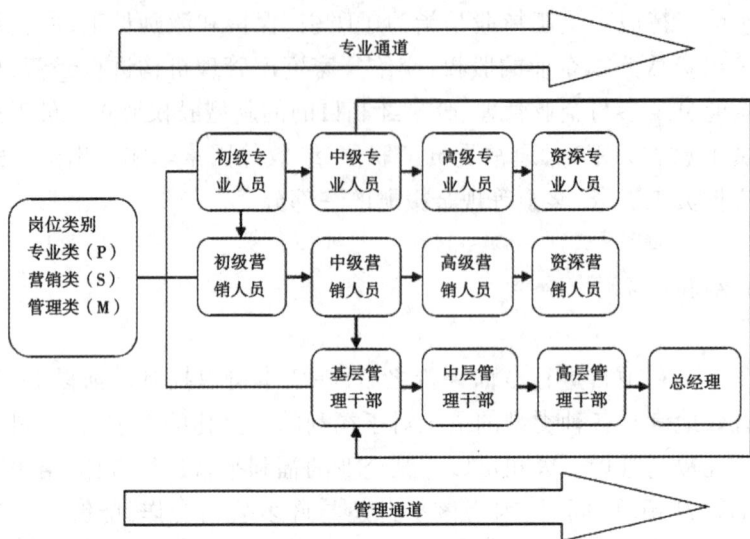

图 6-9　某公司职务发展通道

2. 打造覆盖员工职业生涯全周期的培训体系

针对准备人才培养体系不完善和人岗不匹配的问题，人力资源管理
部门要对员工进行培训，从如下几个方面构建覆盖员工职业生涯全周期
的培训体系，让其从进入公司到职业成长都能得到全面的培训支持。

（1）强化课程设置，健全培训制度

以员工为核心，构建覆盖员工整个职业发展路径的培训课程。从新
员工入职培训，到岗位技能提升培训，到晋级培训，建立全方位的培训
课程体系，以满足员工的个人发展需求。例如，对于业务类人员来说，从
刚入职的新员工培育课程，到储备晋升的储备主管、储备副经理、储备
经理课程，在员工正式晋升之后，还会有支行经理及地区经理的培训课
程，让员工在职业生涯发展的整个过程中，都能够得到相关的训练。

（2）确立职业导师制度

公司可以根据自身的特点，建立职业导师制度，形成"师徒制"，由
各个系统中的专业和杰出人士担任各项学习计划的指导老师，通过跟
岗、面对面指导等方式，让徒弟学习其在日常工作中的知识和技能，从
理论和实践上提升素质。此外，还应当加强对导师团队的培养，例如，在
教师节要对职业导师进行特殊关爱，并设置"最佳园丁奖"等，来表彰在

新员工培养中做出了贡献的导师。

3. 建设员工认可计划

认同是一种内在的精神需要,它是指对一个人以往工作表现的认同,是对他工作态度和工作能力的一种肯定。这不仅可以帮助员工获取别人的认可,也可以帮助组织更好地实施战略决策(比如,超量完成绩效指标),从而保证组织的战略目标得以顺利完成。建设员工认可计划,其涵括的基本要素包括以下几个方面。

（1）提高员工对企业决策的参与度

通常来讲,过去的企业管理决策都是由企业的管理者制定的,很少有让企业的员工直接进入到企业的运营和策略决策当中的。知识经济时代,企业应当让管理者意识到,员工是那些一直在第一线工作,能够听到枪声的人,他们能够从更加贴近现实的视角去看待企业的决策,从而提升企业的管理决策的可实施程度。企业能够在一定时间内,让关键的核心员工参与到公司的运营分析中,将员工的工作热情完全激发起来,在公司决策中倾听他们的声音并让他们参与到决策的制定中来,从而让他们的工作效率得到进一步的提高。

（2）员工工作的自主扩展

通常情况下,一家公司最后的审批权都完全地掌握在总经理的手中,像是人员考勤、基层员工入离职、物品采购等基本事项,都要经过总经理的批准,这对公司的经营效率造成了很大的负面影响,这也是基层的管理者们经常会对此表示不满的原因。对于这样的状况,可以对流程进行梳理,建立一个标准的授权体制,将基本的工作权力进行适当的下放,让基层管理者甚至是普通员工拥有相应的权力,获得被尊重、被重视的感受,激发其主动性、积极性,使其爆发出更大的积极性和创造性,提高公司的绩效。

（3）嘉奖杰出人才

许多公司在每一年的年底,都会在物质及精神方面奖励表现良好的人员和团队,但是由于其激励周期比较漫长,而且人数也有限,所以激励作用就减弱了很多。在建立薪资体系的过程中,公司的领导可以对优秀的行为进行梳理并予以认可,对员工每个月的业绩进行表彰,并设立最佳进步奖、最佳新人奖等。短、频、快的激励方式有利于对对组织有利的行为进行加强,对组织有害的行为进行打击,从而让公司的价值观得以延伸,帮助提升团队的凝聚力。

（4）拓宽认可途径

公司可以利用企业网页和自己的公众号,适时地对一些表现良好的或者有积极意义的行为进行报道,并可以向所有员工发出邀请,鼓励他们发掘和提交与公司文化和价值观念相一致的事迹或行为。对这些行为的宣传,其实也是在宣扬公司文化,让员工有一种强烈的成就感,促进员工对企业文化的认同,提高其对公司的归属感。

4. 实现工作与生活的有效平衡

（1）授权分散,推动职工的工作方式多元化

除了每年组织年会、春游、登山、秋季亲子运动会之外,人力资源管理部门还可以授权各单位不定时地组织一些活动,如聚餐、羽毛球、KTV、徒步旅行、篮球等,因为这些活动都是各单位自己组织的,这样才能充分发挥出每个单位的工作热情和创造力,让公司充满活力。

（2）实行一些职位的灵活工作时间

灵活的工作时间可以帮助员工减轻因工作与生活之间的矛盾而带来的紧张。例如,有更多的有工资的假期、有专门的员工在周末值班等;在工作中,如果遇到了一些现实的问题,比如要接送孩子上下学、照顾病人,那么在确保工作的同时,也可以在某种程度上,让员工灵活地控制自己的工作时间。

（3）开展职工关怀项目

公司的"员工关怀"项目旨在提高公司的团队凝聚力和执行力,促进公司的发展。它的重点是对员工生活和身体的关怀,例如,在员工入职周年的时候,要对他们进行适当的激励;每年都要为他们安排一次体检。另外,可以通过与第三方医疗服务公司合作,从外面引进专业人士,对员工进行心理疏导,这样可以让员工在工作中保持良好的状态。

第七章

员工培训及职业生涯管理体系

第一节 员工培训与开发

一、培训与开发的含义

培训与开发是企业进行人力资源管理时经常会提到的。通常,人们习惯把培训与开发放在一起,其实两者之间是有区别的。

传统观念中,培训与开发的区别见表7-1。

表7-1 培训与开发的区别

名称	目的	内容	对象	特点
培训	侧重于近期目标,提高员工当前工作的绩效	培养员工的技术性技巧,以使他们掌握基本的工作知识、方法、步骤和过程	员工与技术人员	具有一定的强制性

续表

名称	目的	内容	对象	特点
开发	帮助员工为企业的其他职位做准备,提高其面向未来职业的能力,同时帮助员工更好地适应由新技术、工作设计、顾客或产品市场带来的变化	培养提高管理人员的有关素质(如创造性、综合性、抽象推理、个人发展等)	管理人员	对认定具有管理潜能的员工才要求其参加,其他员工要有参与开发的积极性

随着时间的推移,培训的影响变得越来越突出,到了现在,培训与开发这二者之间的界线变得不太清晰了,不管是对员工进行培训,还是对员工进行开发,都是为了企业和员工的发展,不管是哪种类型的员工,都需要进行培训与开发。

二、员工培训的意义与特点

(一)员工培训的意义

随着社会的进步,人们对培训的认识也发生了深刻的变化。只有通过持续的学习,才能使一个公司在国际市场上立于不败之地。所以,无论是对公司,还是对员工,培训都是十分必要的,并且,对公司的员工进行培训,对于提高公司的人员质量,提高公司的竞争力,保证公司的持续发展等方面,都具有十分重大的作用。

1.对员工进行培训,可以提升其专业技能

为了使企业能够更好地运行,企业的员工需要具备相应的专业技能,而企业的培训则是实现员工专业技能持续提升的主要手段。作为企业的员工,他们面对的是一种全新的职业,不仅要有较强的专业素养,还要有较强的创造力,以满足社会发展的需要。通过培训,员工能够得到最新的资讯,由此能够提升了他们的工作技能,并且能够帮助他们升职与加薪。

2. 对员工进行培训，可以提高其工作质量

员工的职业素质是一个公司能否长久发展的关键。提高员工的工作质量，才能帮助公司提供更多好的产品和服务，才能使其在激烈的市场竞争中保持自身的优势，获得长远发展。员工培训不仅提高了员工的知识和技能，而且提高了员工的责任意识，员工在工作中会更加负责，更加有动力，工作技巧也会更加娴熟。他们会为顾客们带来更好的商品和服务，从而提高公司的工作品质。

3. 对员工进行培训，有助于建立高效绩效体系

在新的社会背景下，人们在社会生活中所扮演的角色也随之变化。过去，在公司里，员工仅仅是接到了一项工作，完成它就可以了，但是在现在的公司里，他们的作用变得更大了，不仅要收集信息，还要共享信息，他们不仅要有职业素养，还要善于处理人际关系。特别是随着网络技术的不断发展和运用，工作对网络技术的需求也越来越迫切。员工经过训练，可以熟练地掌握与之相适应的有关的技术；可以使用新的技术，更有效地解决工作中的问题。可见，员工培训对建立高效的绩效体系是有益的。

4. 对员工进行培训，可以提高其对自身价值的认识

员工为公司贡献自己的劳动而获得报酬和利益，这满足了他们基本的生活需求。此外，员工们也会有更高层次的要求，即对自身价值的认识。要想真正的完成自己的目标，就必须有持续的提升和应对的能力。通过对员工进行培训，能够有效地提升其整体职业素质，促进其自身价值的充分发挥。

(二)员工培训的特点

员工培训具有鲜明的特征，具体如图 7-1 所示。

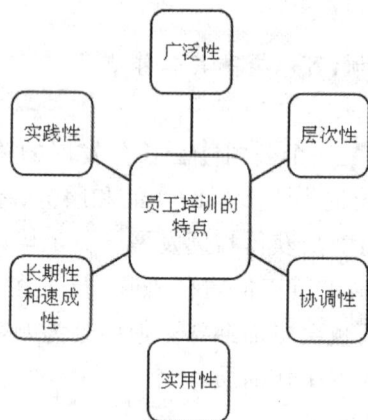

图 7-1　员工培训的特点

1. 广泛性

企业的培训对象、培训内容、培训方式与培训方法都是广泛的。从一般职员到经理,都要经过训练,这就是训练对象上的广泛;训练的内容包括了知识、技能和态度三个部分,这属于训练内容上的广泛;针对培训目标和培训内容,应采用的手段和方法也各不相同,这属于训练手段和方法上的广泛。

2. 层次性

层次结构是指对企业员工进行的训练,层次是不一样的。公司有着自己的发展策略,员工在公司中拥有的工作职位也不尽相同,所以,公司对不同员工的技能要求也不尽相同,从而也就形成了公司内部员工培训的分层结构。

3. 协调性

员工培训是一个体系,它的协调性意味着,对员工的培训要与公司发展的战略、公司的发展状况,以及公司的人数和实际状况进行匹配。企业内部的各种因素必须相互配合,这样,企业内部人才培养的目标才能达到,企业内部人才培养工作才能正常开展。

4. 实用性

为了达到某种目标,对员工进行培训,最直观的方式就是提升员工的技术,从而提升公司的生产效率,提升公司的效益,这就是员工培训的实用性。经过培训,员工们可以增加自己的知识,提升自己的能力,但是最基本的一点就是要把自己所学到的东西运用到工作当中,从而为公司的发展作出真正的贡献。

5. 长期性和速成性

在现代社会,要想获得新的信息和满足新的发展形势,企业的人才培养工作就需要持续地进行。另外,员工培训是以员工或公司的实际需要为基础进行的,它可以使公司员工的技术得到迅速提升,从而达到公司发展的需要,所以它还是一种速成性的培训。

6. 实践性

培训是对员工的培训,员工培训的目的是为员工工作实践服务,因此员工培训具有实践性。要联系工作实际,采用有启发性的培训方法,使员工获得相关的技能,并能用于工作实践中。

三、员工培训的内容与形式

(一)培训的内容

员工培训的内容与形式必须与企业的战略目标、员工的职位特点相适应,同时考虑内外部经营环境的变化。一般地,任何培训都是为了促进员工在知识、技能和态度三方面的学习与进步。

培训的内容如图 7-2 所示。

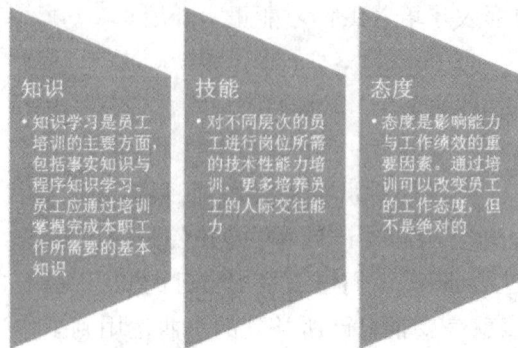

图 7-2 培训的内容

（二）培训的组织形式

培训的目的、内容和对象不同，需要采取的组织形式也不尽相同。培训的形式是多种多样的，根据不同的标准有不同的分类方式。一般来说，培训常见的组织形式如图 7-3 所示。

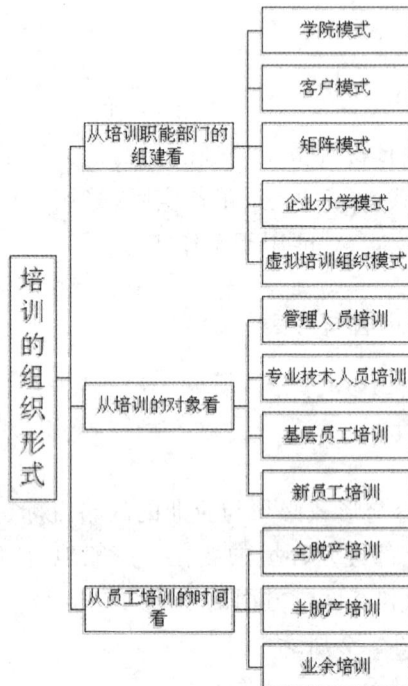

图 7-3 培训的组织形式

四、员工培训与开发系统的构建

员工培训与开发是一项系统工程,精心设计有效的员工培训与开发系统十分重要。

(一)企业培训工作的系统性

作为公司进行人才开发的一种方法,公司的员工培训与开发系统是从组织的目标出发,以对员工的职位进行全面的剖析和对公司的人力资源状况进行研究,以绩效管理、薪酬奖励、个人职业发展等方法为辅助,而进行的一个以全面提高公司的竞争力为目的的体系。许多培训的结果不理想,其中一个主要的因素就是缺少对培训工作的整体战略性的思考,缺少对每一个步骤的标准化,没有将培训和开发相融合。也就是说,公司的训练要与公司的整体运营和管理工作相结合,要与公司运营和管理工作相协调,要形成一套完整的、有规范的、有系统的训练方法。

1. 员工培训要符合公司的策略

公司的战略确定了公司的核心竞争力的基础架构,进而确定了每个职位的职责以及它们对任职者的能力素质要求,以此为基础对公司员工的能力素质进行诊断,并结合员工的个人意愿和公司的发展需要,有目的地进行人员的储备和开发。与此同时,还应该对公司当期工作的侧重点有一个清晰的认识,对培训需求展开仔细的研究,并对培训的内容、方法、师资、课程、经费、时间等都要有一个系统、科学的规划,这样才能让培训计划与公司总体发展的要求相适应,才能让公司当前的工作顺利进行。

企业要将对员工的培训作为一项长远的、系统性的工作来进行,让培训成为企业发展的动力,让培训成为企业发展的导向。

2. 培训活动要求全公司的合作与支持

培训工作是公司整体运作的重要环节,它要求公司上下从高层到基层,再到各个部门之间,都要相互合作与支持。

在公司里,每个部门都有各自的工作规划与工作内容,往往要相互协作与支援,特别是培训部。企业培训计划的制定要基于员工的实际需要有针对性地进行。在实施培训计划时,通常会要求参与培训的人员,尤其是参加脱产训练的员工,暂停他们目前所进行的工作。假如严格遵循培训部门的安排,就会对某个部门的工作进程产生不利影响。但是,如果按某个部门的时间要求去组织培训,就有可能与其他部门的工作产生矛盾。所以,在执行培训计划之前,一定要与各个部门进行良好的交流和沟通,这样才不会对各个部门的工作造成干扰,同时也可以确保整个公司的培训项目能够顺利地展开。培训完毕之后,员工将返回自己的工作地点,而想要使培训效果得以转化,则要求各个部门的负责人要给学员们创造合适的机遇,并对他们进行指导和协助,如此方能保证员工将培训的结果转变为现实的业绩。

在组织企业培训时,一定要使其与公司的运营管理工作侧重点保持同步,并与公司其他各方面进行良好的配合,做到系统规划、统筹安排、集中管理。自然,一个良好的员工培训体系是否能够被很好地执行下去,还离不开公司完善的培训政策和完善的制度。尤其是,这其中还必须有公司高层领导人的倡议和支持,培训师的辛勤工作,公司员工的主动合作,以及一段时间的系统的训练。

3. 培训活动要自成系统

在建立完善的培训系统时,既要将其与整体的运营和管理有机地联系起来,又要将其自身的特性与需求有机地结合起来。从总体上看,公司的培训系统由下列几个部分组成。

(1)企业培训的组织与人事安排

大部分的公司都把培训工作交给了人力资源管理部门,但是,由于公司的发展和扩大,其结构更加的错综复杂,所以必须对培训的组织结构和人员做出相应的调整。在规模较大的公司中,可以建立一个由公司高管和各部门主管共同参与的培训工作小组,这个工作小组的重点是制订出适合公司发展的人才发展策略以及与之相匹配的培训方针和体系。建立一个独立的培训部门或培训中心,对培训工作进行分析研究和组织安排,制订培训方案,进行培训运作与经营。

（2）建立培训的组织体系

公司的培训策略与方针是培训的导向，而培训策略与方针则可以具体化为培训管理制度。所谓培训管理制度，指的是将培训方针细化，并将其提炼为一种制度化的条款，让培训的工作内容和工作过程变得更为稳固和标准化，进而确保培训的质量。企业的培训制度主要有岗前培训制度、培训考核制度、培训服务制度、培训奖惩制度。

（3）建立一个培训过程系统

一次成功的培训应包含培训需求分析、培训方案制定、培训方案执行以及培训结果评价等一套系统的工作。这些环节相互制约、相互作用，共同组成了一个完整的培训过程系统。

（4）制定培训计划

培训内容是以公司的长远发展战略和当期的工作重点为基础进行的，可以将培训内容按不同的岗位类别、不同的管理层次、不同的培训对象等不同的准则，划分为不同的种类，从而构成培训课程体系。要想适应不同岗位类别、不同管理层次、不同培训对象的培训需要，必须建立一套完备的培训课程体系。

（5）建立一套培训教师制度

培训人员的素质与培训的效果有很大的关联，培训人员可以从公司外聘请，也可以从公司内选拔。当前，国内对培训人员的培训日益关注。培训教师队伍的构建主要涉及教师队伍的选择、聘用、培养以及考核与评价等方面。

（6）对培训器材和装备进行管理

企业的培训要在一定的物质保障下才能进行，而培训工作中的一个重要方面就是对相关的训练设施和装备进行管理和维修。

如何构建一套行之有效的员工培训制度并使之逐步健全，是目前很多公司员工培训的重要课题。

（二）员工培训与开发项目的程序设计

员工培训与开发计划是指按照公司的人力资源总体规划，人力资源管理部门结合公司的发展要求和员工实际，为公司制定的一个具体的培训与开发方案。

有的培训与开发计划仅仅是一次培训过程的执行，而也有的培训与开发计划则包括一系列的培训过程和有关的活动,有的时候还会跨越半年,甚至是数年。一个高效的人员培训和发展计划的制定和执行,必须建立在公司整体的人力资源发展的策略上,它是公司长远的人才发展策略的具体体现。所以,在进行员工培训与开发的时候,一定要将公司的培训需求调查作为基础,培训与开发计划不仅要与公司长远的人才培养计划相联系,与公司的人力资源管理政策保持一致,而且要突出公司目前的工作重点,此外,也要对公司本身所拥有的资源的支持情况进行考量,所以,要想实现培训目标,公司的各个部门都要给予大力的支持和合作。在企业内部,人员培养计划的制定和执行就是一个相互交流、相互配合的过程。①

由于培训目标和培训内容的不同,各种不同类别的培训的流程设置也会存在一定的差别,但从整体上看,主要分为以下四个步骤。

第一步,对培训需求进行分析。

实施培训的首要一步,就是要弄清楚到底有没有必要进行培训,以及培训的内容。培训需要的精确程度,将会影响到培训工作的效果。对培训需求的分析主要包括三个部分:组织结构分析、任务分析、工作表现分析。

第二步,确立训练的目的。

在培训需要得到证实后,就可以确定相应的培训目的。培训目的应该明确规定学员在培训中需要掌握的知识、技能,以及在培训中需要转变的态度。合理的培训目标应该明确的告诉学员他们应该做什么,或者应该怎么做,或者应该做到什么程度。培训目的是给员工培训工作提供一个清晰的指导方针和基础。有了培训目的,就可以确定培训对象、培训内容、培训时间和培训方法等具体内容,并可以评估培训的效果。培训目的要明确、可检查、平衡。

第三步,制订并执行相关的培训方案。

第一,制定培训方案。

培训方案是培训的一部分,它包含了培训的过程以及培训过程中涉及到的各个事项。通常情况下,一份培训方案由项目背景、培训对象、培训要解决的问题、培训时间安排、培训评估方案、培训项目预算、培训将达到的目的以及期望的效益等几部分组成。

① 郗亚坤,曲孝民.员工培训与开发[M].沈阳:东北财经大学出版社,2019.

在执行培训计划前,培训经理特别要明确培训评估的计划、培训评估的目的、培训评估的范围、培训评估的层次、培训评估的方式、培训评估的准则,确保培训完成后能够对培训的结果进行快速的评估。

第二,估算成本。

通常情况下,培训费用由直接费用和间接费用组成,直接费用包括:一是课程开发费,二是授课费,三是信息资料费,四是场地器材租赁费,五是用餐住宿费,六是交通费,以及其他杂费;间接费用由受训人员的工资和福利、管理人员的工资和福利以及校内设备的使用等支出组成。

第三,培训方案的申报和批准。

制定了培训方案之后,要进行培训方案的申报和批准,也就是将培训方案提交给培训部门管理者或者更高一级的管理者来审查,确定培训方案的实施情况。整个培训方案的制定与执行也是一种交流与协作。

第四,对培训者进行筛选和确定。

制订挑选培训员的准则;对培训员进行面试和考核;挑选培训员;组织学员进行前期调查。

第五,检查并确定培训的具体内容及方式。

二次开发培训内容;检查培训计划及培训方式;与教练就考核要求进行交流。

第六,制定本课程的学习方案。

要明确本课程教学的目的和意义,明确培训的内容与进度,明确培训的重点与方式等。

第七,进行培训的管理准备。

培训的管理准备指的是准备并安排培训之前的各种事务工作,比如安排培训的场所和设备、准备教学资料、安排培训学员的住宿,以及其他的管理工作。

第八,执行培训计划。

按照培训计划,实施培训方案,其重点是要做好培训期间的沟通、协调和监控工作,对出现的意外情况进行快速的应对,充当好培训者和学员之间的一座桥梁,确保培训方案的成功实施。

第四步:对培训成效进行评价。

第一,收集培训评估资料,撰写培训小结。

在培训的全流程中,要注重搜集与之有关的资料,按照培训评价计划,评价培训的进程与效果,撰写培训小结,并给出改进意见。

第二,将各种数据进行存档。

培训数据包括调研数据、课程开发数据、管理数据和评价数据等,培训完成后,对数据进行整理和存档。

第三,进行培训成效的交流和反馈。

在员工培训后,各利益相关者要正确认识培训成效,并对培训成效达成共识。因此,做好对员工的培训成效的交流和反馈就显得尤为重要。一般而言,培训成效评价涉及的人员有:人力资源管理人员、公司管理层、受训人员及受训人员的直属主管。认识到这一点,对于深入开展培训工作、改善和提高培训的成效都是有益的。

第四,对训练计划进行修改。

在收集到了培训的有关信息后,要认真研究,发现培训中的问题,找到培训中的缺陷,并按照实际需求进行调整,有利于积累经验,为下一次的培训提供借鉴和指导。

(三)员工培训与开发信息系统

1.建立人员培养和发展的信息化体系

传统的培训与发展的信息化管理,大都是以手动的方式来进行的,即创建手动的文件管理、关键词检索等。这种方法在某些小型公司是行之有效的,但是当公司的规模越来越大时,所涉及的信息也会越来越多,而很多人工的工作不仅会把经理们困在每天的琐碎性的事务性工作中,同时也不能让信息得到更好的利用。

随着计算机技术、网络技术的不断发展和运用,许多公司都在朝着信息化管理的方向发展。每个公司都应该结合自己的特点和实际,选用信息化的方式,构建一个数据库,构建一个人力资源管理信息系统,并以这个为基础,构建一个员工培训和开发体系,使之成为一种电子的方式。

想要实现培训信息的电子化,必须拥有与之相关联的软硬件条件作为支撑,并且还需要投入一定的资金。如果企业没有足够的财力去购买现成的管理软件,那么,培训管理人员也可以使用办公软件,自己设计一些应用程序,对相关的培训信息进行收集和整理,这样也可以极大地提升管理的效率。

当然,在现代化的信息管理之外,传统的文件材料也很重要,培训中涉及的很多报告、文件等文字,在培训完毕之后,都要作为凭证和资料进行立卷和归档,以备不时之需。

要想构建一个员工培训与开发信息系统,必须有一定的物质基础,与此同时,也必须构建出与之相适应的管理制度,具体内容包括了内部培训信息的交流和沟通制度、培训档案的管理制度等,将培训信息的收集、整理和使用标准化、制度化,从而确保员工培训与开发信息系统的高效运行。

2. 员工培训与开发信息管理的内容

（1）员工培训档案

企业的员工培训档案是企业内部对员工进行管理的一项重要内容,它能够帮助企业更好地掌握企业内部人员的工作能力和参加训练的程度。在人员配置方面,员工的培训记录起到了很大的帮助,可以为员工的转岗提供参照以及安排后续的培训。

（2）培训资源信息

在培训中,培训资源信息涉及的范围很广,它包含了培训过程中各种物力、人力、信息等方面的保障。所以培训资源信息不仅包含培训设施和培训装备的状况,还包含了一些更重要的培训资料,比如按照公司的培训计划,发展而来的与之相对应的培训课程体系;培训人员的数据库,其中包含了培训人员的基本资料,比如个人基本情况、授课时间、培训等级、教授的课程、已授课程数量和时间等;培训供应商数据库,包含培训公司的名称、性质、关键/优势行业、地址、联系人、联系方式、供应商描述、供应商资格等。

（3）培训管理信息

培训管理信息包括两个方面。如图 7-4 所示。

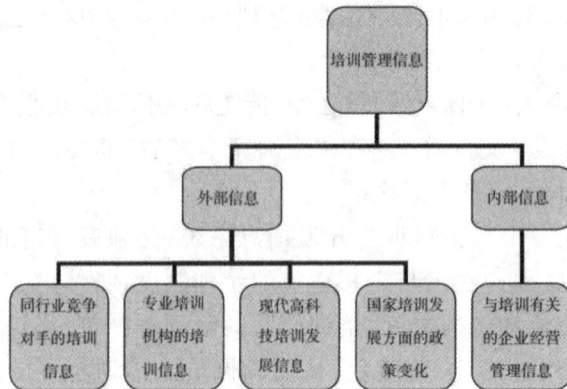

图 7-4　培训管理信息

（4）培训共享信息

现在越来越多的企业开展知识共享，特别是利用现代技术开展在线培训和学习等，这些利用新技术进行的培训，不受时间和地点的限制，重复使用率高，节省费用，形式灵活，越来越受到企业的重视，是现代培训发展的一个重要趋势。培训部门应加强对共享信息的开发，创造更多的信息交流平台和渠道，为员工学习创造条件。

（四）员工培训与开发管理系统

1.培训的资源建设与管理

培训的资源建设与管理是培训取得良好效果的保障，其主要内容如表 7-2 所示。

表 7-2　培训的资源建设与管理的主要内容

内容	具体阐述
技能体系的管理	员工必须接受特定的工作技能的培养和训练，才能完成独特的工作。因此，先要了解哪些技能是员工所必需的，并把这些特定的工作技能进行系统化，然后再围绕着这些技能进行培训。建立技能体系，首先要确定员工技能的类别，即一般技能、专业技能、管理技能，还要把这些技能划分为不同的层次，即知识信息技能、基础应用技能、高级应用技能。其次，技能体系规划后，要对员工现有的水平进行评价，找出差距，确认培训需求。最后，开展培训

续表

内容	具体阐述
培训课程体系的管理	培训课程体系是根据员工技能体系的要求,并结合企业不同职位类别人员而制订的不同系列的培训课程。课程体系与技能体系相一致,也包括一般技能系列、专业技能系列、管理技能系列,每一系列包括很多具体的培训课程
培训师的培养与管理	企业培训师的来源有外部的,也有内部的。内部培训师由于比较了解企业的特点及企业文化,能把企业的需要和培训较密切地联系在一起,因而越来越受到企业的重视。但是,内部培训师很多是来自一线的工作人员,没有受过专门的培训技巧等方面的训练,缺乏授课技巧,有可能会影响培训效果。因此,加强内部培训师的甄选、培养、管理与激励,是培训资源管理的重要内容
培训经费的管理	培训工作需要有一定的经费,要对培训成本进行深入细致的分析和控制。事先进行合理的培训经费预算,事中有效地分配和使用培训费用,并保证专款专用,是实现培训目标的必要保证

2. 培训的日常运营管理

培训的日常运营管理工作是培训管理工作中的核心环节,需要培训管理部门与企业其他部门沟通,共同合作完成(表 7-3)。

表 7-3　培训的日常运营管理的主要内容

内容	具体阐述
培训需求调查与分析	制订培训计划,第一步就是要调查与分析培训需求。培训管理部门要定期对企业进行调查,根据企业发展需求以及员工技能水平情况,分析培训的需求,为培训计划奠定基础
培训计划的制订	培训计划涉及培训目标、培训对象及类型、培训内容及方法、培训步骤及具体的安排等,在制订培训计划时,一定要以培训需求调查与分析的结果为依据,做到有根有据
培训实施	实施培训时,要多种方式相结合,注意灵活性与多样性,既要根据实际情况,随时对培训安排做出调整,也要采用不同形式,使员工尽可能快速得到提升
培训效果评估	培训结束后,要对其效果进行评估。培训效果的评估可以为人力资源规划提供依据,还能为参与培训员工提供反馈,也能为培训工作的开展积累经验,便于培训工作的不断改进和完善
培训管理制度的监督与执行	培训管理制度的建立和健全是考核培训体系完善与否的重要标志,在培训日常管理的各个环节,要严格执行相关的管理制度,才能保证培训的稳定和规范

3. 培训的基础行政管理工作

培训的基础行政管理工作主要指培训管理部门大量的日常事务性工作,包括培训会务组织管理、培训档案管理、培训设备设施管理及其他日常行政工作,它们是培训顺利进行的基本保障。

培训工作重点应是在战略管理的平台上,更好地完善培训的资源建设与管理工作,细化培训的日常运营管理工作,而非简单地做好培训的基础行政管理工作。

第二节　员工职业生涯管理体系的构建

一、员工职业生涯管理体系建构原则

(一)利益整合原则

利益整合原则,是指将多个主体、多个层次的利益有机结合。在员工的职业发展中,员工的利益与企业的整体利益是核心。所谓的利益整合,指的就是在进行整合时,不能靠牺牲一方的"利益"来实现另外一方的"价值",而要将个人利益和企业利益结合起来。所以,一个人的职业生涯发展,不能脱离企业的发展,要在企业的战略发展目标和内外部环境之上寻求自身与企业的利益结合点。因此,员工必须对企业的发展战略和价值观进行理解和认同,并把自己的知识、技能和价值观聚焦于企业的需要和工作机遇上。

法国的加郎贝认为,在对员工进行职业生涯的规划和发展时,应注重对"组织观"和"个体观"之间的矛盾和冲突的调和。他从三个方面剖析了员工对于工作的职责与态度:在重要职位上重用杰出的员工,使其才能得到充分的利用,使其获得最大的利益;持续吸纳人才,以高质量的工作方式激励员工的工作热情;实行激励灵活、具有弹性的经营方针,防止形成死板、僵化、一成不变的人事管理体制。

（二）有效激励原则

有效激励原则，就是在对员工的职业生涯管理体系进行设计时，要对其承担的工作进行全面考量，根据员工的能力设计相应的晋升与发展路径，从而对员工进行有效地调动，使其工作主动性、积极性和创造性充分地发挥出来。公司应该对员工的职业生涯规划给予足够的关注，并将其视为公司的一种激励方式，公司可以利用职业生涯管理体制，让表现出色的人获得提升，从而提升他们对公司的忠诚度和满意度，充分调动他们的工作热情。可以从"需要水平""动机—关怀"和"期望理论"三个方面来验证激励对员工工作绩效的影响。

（三）战略导向原则

战略导向原则，也就是要着重指出，在进行职业生涯管理体系的设计时，一定要将其与公司发展战略的要求全面地结合起来。公司建立的管理体系，既是一种制度，也是一种机制，一套合理有效的制度可以对有利于公司发展战略的因素的发展和提升产生巨大的推动，也可以对不利于公司发展战略的因素进行遏制，最后将其剔除。因此，要构建一个适合于公司发展策略的职业生涯管理体系，就需要对公司发展战略进行全面剖析，并对其发展动因和阻力进行权衡与度量。

二、员工职业生涯管理体系建构过程

（一）进行工作分析

工作分析也被称为职位分析。工作分析是指为使企业更好地开展各项工作，对企业中各职位的相关信息进行系统的收集、分析和综合，从而确定职位描述和职位规范的过程。

工作分析是人力资源管理所有工作的前提与依据，它与人力资源部各模块的各个功能环节密切相关。所以，对于任意一家公司来说，都必须展开系统、完整的工作分析，构建一个职位结构，让每一个职位的工作职责、工作标准、岗位性质等清晰明了，然后再对每一个岗位的任务、流程、责任等展开详细的描述与分析，这样，就可以对任职人员提出与工作有关的理论知识、技术技能、综合素质等方面的需求，从而确定出每一个工作职位所需要的是什么样的任职人员。

（二）进行职工队伍的质量评价

所谓的素质评测，指的就是由评测人用科学、系统的方法，对被评测人在主要活动领域中的特性信息进行采集，并根据预先设置好的人员素质评测标准，对其素质进行判定和评估的过程。而企业所使用的人员的素质评测方法，是对与其工作相关的质量进行评测，其中包含了个体的质量和所展现的工作业绩等。在现代职业生涯发展管理中，"人才质量"的评价是一种具有很高应用价值和现实意义的管理工具。该方法也可用于员工招聘、选拔任用，以及业绩评估。

企业可以对员工的知识水平、工作能力、技术技能、个人品质、潜能和团队合作精神等进行测试，从而对其专长、理想等有一个较为完整的了解，然后针对每位人员的不同的素质，设计出与其个人特征相适应的训练计划，为其提供符合其个人特征的工作，并为其确立职业生涯发展的方向。企业能否对员工的工作业绩和工作技能进行客观、准确的评价，是职业生涯管理体系能否在企业中得到高效执行的一个关键因素，在企业如何对优秀人才进行合理地挖掘使用，帮助员工实现自己的事业发展目标方面有着极为重要的影响。

（三）指导员工进行职业生涯发展规划

1. 对员工进行培训，明确其事业发展的方向

企业要想让员工明确自己的事业发展方向，就必须从企业的角度出发，对员工的工作进行指导，解答员工在工作中遇到的各种问题。职业选择是一个人未来发展的起点，其选择正确与否将直接影响员工未来的发展。为此，企业需要对员工进行就业辅导，在对企业职工队伍整体素质、员工个体质量进行详细的调查研究的基础上，给员工提供职业选择方面的培训。而职业生涯发展方向则是在已经选定了工作岗位后，可以

用什么样的方式来完成自己的职业发展目标,比如,自己究竟是走管理道路,还是走专业技术道路。企业要为员工制定一条明确的、有针对性的发展路径,就必须对其进行全面的研究。

企业中的职业资讯对于确定自己的职业发展方向具有非常大的帮助,因此,员工必须了解企业中关于职业选择、职位和发展机会等的资讯。企业在发布职业发展资讯的同时,也要按照已制定好的发展计划与运营政策,对今后数年内的人才市场进行预估,以便帮助员工制定职业生涯规划与职业发展目标。

2. 对员工进行职业发展战略的辅导

所谓的职业发展战略,就是为了达到自己的职业目标,所要做的一些切实的工作和所要采取的特定的措施。处于职业发展早期的年轻人,其事业尚在摸索阶段,他们正在寻找自己的职业发展方向,他们工作积极性高,富有创造力,工作有激情,企业应该敢于给予他们富有挑战性的工作。公司对他们的信赖将促使他们不断地以一种积极的心态去对待工作,同时也可以锻炼他们的工作技能。处于职业发展中期的员工,对社会地位、薪酬福利、家庭生活等方面有更多的关注,他们对具有高自主性和较大责任的工作更加向往,因此,企业应该发挥他们的骨干力量,让他们通过持续的充电,对自己的技术、知识和能力进行升级,并给他们提供职务提升的机遇,或是利用岗位轮换的方式来激励他们的工作积极性。企业要充分利用处于事业中后期的人才,做好"传帮带",给予其基本的生活保证,为其创造一个人性化的工作环境。

在公司的引导下,员工明确了自己的职业生涯发展目标和发展战略,能够成功地完成自己的职业生涯规划。

3. 指导员工评估与修正职业生涯发展规划

对员工进行的职业生涯规划是一个动态性的管理过程,企业在一开始为员工设定的职业发展目标有可能是错误的,或者是由于员工的主动性和公司的客观因素发生了改变,原有的发展目标就会失去效用。所以,在完成一个阶段的工作和执行了一项职业生涯计划之后,企业还应该及时对员工的工作成果进行检验,引导员工对其职业发展目标和策略进行检查,也就是在具体的职业生涯发展计划的执行中,要对其进行评价,并在评价的基础上对其进行修改和调整。对员工的职业生涯发展规划进行评价与纠正,能够缩短员工职业目标与企业战略的距离,提高员工职业规划的成功率。

在对员工的职业生涯发展规划进行评价的时候,企业可以将员工的个人信息、发展状况与企业的战略发展计划相联系,对员工的职业生涯发展规划进行全面的考量,从而对其进行相应的调整。如果某个员工的发展方向和计划与企业的人才需要一致,那么企业就可以对其进行预先的培训;在两者不能相配,也就是公司将来发展所需的人力资源不足的情况下,可以根据公司的人才需求,选拔相应人员进行培训,帮助员工调整职业发展规划,使其符合公司要求。

(四)设计员工职业发展通道

1. 设置职位序列

(1)划分工作类别。岗位分类是以各个岗位工作性质、特点为依据,将公司的所有岗位划分成管理序列、政工序列、专业技术序列、生产运行序列。

(2)划分岗位级别。按照工作的复杂难易程度及其对公司的贡献将岗位划分为若干级别,把工作职责、工作内容相似或相同的岗位划分到一个等级当中。例如,管理序列中的各岗位又可以划分为助理、主办、主管、高级主管、部门助理、部门副职、部门正职、副总经理、总经理。

(3)确定岗位胜任力的评价指标。既然公司里的每个岗位都有了清晰的界定,那么接下来,就是明确每个岗位的要求了。职位能力标准与岗位说明书不同之处在于,后者指的是每个部门的具体工作岗位所要承担的责任、完成的任务,而前者则是要对员工的综合能力品质和工作年限进行考量。比如,在管理序列中的主办层级,就必须对该单位的工作内容、工作流程了如指掌,具备一定的书面表达能力,并能够对各种办公软件进行操作。

2. 建立人员的晋升路径

在公司以往的常规的职业发展路径中,职能部门通常使用的是行政管理的提拔渠道,生产部门通常使用的是生产运作的提拔渠道,这两条渠道相互之间是分离的,不会产生交叉。员工在公司中,往往会根据最初的职业目标,沿着一条简单的路线进行工作与发展。传统的职业生涯发展目标将员工拘囿在一个规定的模式内,员工缺少二次选择的机会。

在公司持续发展的过程中,公司要想办法解决传统的职业发展模式所导致的局限和不足之处,将原来的两种职业发展渠道联系在一起,给员工们提供两种不同的选择,亦或是开拓出更多的职业发展渠道,不管是在哪个领域,都可以提升到更高层的岗位上,在各个渠道之间也可以相互转换,给员工带来更多的发展空间和机遇,也让公司的人力资源分配变得更好。

员工可以按照自己的兴趣爱好、职业倾向,选择任意一条职业渠道来展开自己的职业发展。这几种职业渠道是一种并行的关系,也就是说,在这些发展渠道中,不同发展渠道的岗位相互呼应,在同等级别的岗位上,员工的地位是同等的,工资和福利也是一样的,所以,员工可以在职业发展渠道上进行自主选择。

3. 设置员工职业发展方向

企业员工的职业发展有垂直和水平两个方面。

垂直发展被公认为是一种升迁方式,也是一种被人们广泛接受的职业发展方式。垂直发展指的是员工在一定的岗位序列中,按照从低到高的顺序,进行一次成功的递进,这反映了员工认真负责、积极进取的工作理念。以生产运作发展通道为例,在一年内,经过各运作专业的轮岗实习,就会走上正式的运作岗位,从最基础的值班工做起,经过 2 ~ 3 年的学习和实践,经过笔试和实操考试,达到了组长任职资格,就可以晋级为运行组长。一般情况下,按照公司的发展计划,能够循序渐进地晋升。其他的职业发展途径也是如此。

所谓的水平发展,指的是在同层级的岗位上进行的工作轮换或变更。水平发展的内容主要包含了两个方向:第一个方向是在部门内部,各个岗位之间进行的工作轮换,这种方式能够让员工的业务能力得到提升,同时还能够提升部门整体的工作效率,让一名员工不再局限于只能完成一项工作。

第二个方向是在不同的部门进行职位的变更。在跨部门的岗位轮换中,存在着一些等级上的限制,因为工作内容差异较大,所以对人员的素质也有很高的要求。调换之前,相关人员需要通过一年两次的专业理论考核,并经过领导的面试,并且只在助理级别的工作岗位上进行。水平发展,既是为了给企业的员工更大的学习与成长空间,又是为了培育企业的"多面手",使员工变成一个全面的人。同时,即使在没有得到垂直发展的情况下,员工也可以在水平发展中寻找到机遇,从而实现自己的价值,获得某种程度的满意。同时,通过水平轮岗,增加了各个部门的相互了解,减少了相互间的沟通障碍。

4.设置员工职位晋升方式

职务的提升有两条途径,一条是自然晋升,另一条是公开招聘。所谓的"自然晋升",就是指当员工的工作能力和工作年限符合公司的岗位要求时,就会被自动提拔到更高一层的岗位,并会相应地增加各项福利和待遇。如果符合岗位晋升条件,那么职位等级就会自动提升。所谓的公开招聘,就是当公司有岗位空缺时,面向公司内部进行一次与空缺岗位的工作内容相匹配的人员招募。但是,这个岗位所涉及的工作内容,有可能会高于应聘的工作人员目前的工作内容,也有可能会低于其目前的工作内容。公开招募必然会有竞争,特别是那些高吸引力的工作。

两种晋升方法在企业中有其各自的功能,通过自然晋升的方法,可以有效地对企业中的人员进行激发,对员工出色的工作业绩和积极的工作态度进行认可,从而提高企业的凝聚力、向心力,保证企业的稳定性,提高员工对企业的归属感。通过公开招聘也能对员工进行鼓励,还能让员工变换工作,即变换到其他的事业发展渠道,注重竞争力,调动员工的创造性。

（五）员工职业生涯管理实施步骤

1. 前期准备阶段

（1）建立健全的组织和管理体系。要进行企业内部的人才培养，必须建立企业内部的人才培养体系，并对其进行有效的组织与管理。公司党政领导、人力资源部、党工部、战略管理部、生产技术部等职能部门的负责人共同构成了员工职业生涯管理的组织领导小组，主要的执行机构是人力资源部，负责对有关人员的职业生涯管理的所有细节进行全面处理，其中包含了编制的确定和下发、考核结果的收集、分析和公布等方面的内容。

（2）开展教育和宣传工作。为保证新建立的员工职业生涯管理体系能够在公司中得到切实的执行，在管理体系执行的初期，要做好宣传和调动工作，为系统的高效运作创造一个良好的企业环境。

（3）进行先期训练。先期训练是为管理部门的员工及人事部门的员工提供的，以方便他们进行有关工作。

（4）增加配套的硬件设备。主要包括职业生涯规划理论知识读本、职业生涯规划指导教材等。

2. 具体实施阶段

（1）组织工作人员参加会议。为使员工职业生涯管理顺利实施，人力资源部门可组织举办"企业内部人员发展规划"专题讲座，向大家介绍企业内部人员发展规划及实现方法等。

（2）有关规定的发布。将与职业生涯管理有关的公司制度，例如绩效考核制度、薪酬管理制度和晋级制度等，在公开办公平台上向全体职工公开，并将编制好的职位总览也一并发布，包含公司的职位、职数、职位说明、任职要求、薪酬待遇等职业信息。

（3）企业内部人员的职业发展计划。在一定的期限之内，让员工们把自己的职业生涯计划列出来，得到各方面的认可之后，再将这些计划汇总到人力资源部，这样就可以对员工的职业发展计划进行整体的协调,从而防止各种计划之间发生矛盾,并且把计划修订后的成果,第一时间反馈给各部门和员工,最终确定下来。

(4)职业发展计划年度审核。组织成员的职业发展计划,由事业发展指导委员会每年审核。每年年底,每个单位的主管都会对其实施状况进行评估。

(5)跟进、辅导与反馈。在整个职业生涯管理的过程中,人力资源部会对总体的实施情况进行追踪,以员工的个人情况和公司发展状况为依据,对员工进行适时地引导,并及时将分管领导对员工职业生涯发展状态的评价信息反馈给员工本人及其所在部门的领导,从而促进员工持续地对自己的职业生涯发展计划进行修改。

3. 评估阶段

年终人力资源部对员工职业生涯管理的执行情况,进行总结和评估。

第三节　员工职业生涯规划优化方案

一、完善人力资源管理制度

虽然,职业生涯管理属于人力资源管理中的一个主要部分,但与绩效管理、薪酬管理、培训管理等也还存在着不同之处,职业生涯管理并非只是现代人力资源管理中的关键环节,而是具有自身的内部逻辑,与人力资源管理的其它模块相关联,其管理过程包括了许多关于人力资源管理的内容,并不完全是一个单独的管理体系。

职业生涯管理与人力资源其他管理模块之间的关系如图 7-5 所示。

职业生涯管理　　　　　　　人力资源管理

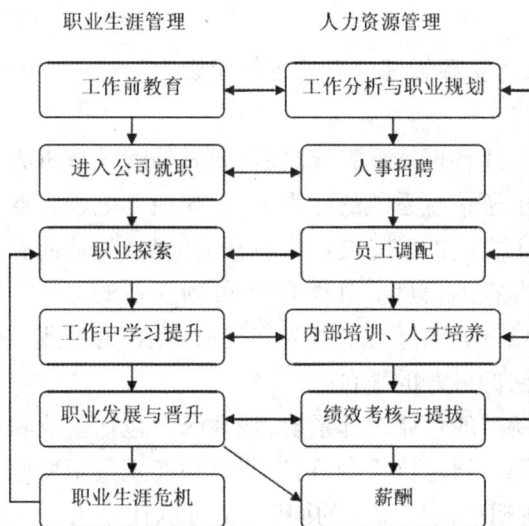

图 7-5　职业生涯管理与人力资源管理各模块关系示意图

　　从图 7-5 可以看出,职业生涯管理中的员工进入公司工作,正好对应人力资源管理中的公司人事招聘。员工希望找到一个适合自己的个性、具有良好工作氛围和环境的理想工作,企业需要的是与企业文化相契合的、有能力的、有发展潜力的员工。一个人在应聘时,也许无法挑选到与他的工作能力完全匹配的工作,所以他必须在工作中继续寻找,努力变换到他所希望的工作岗位。同时,企业也会针对每位员工的个人特征,持续地进行人员调配,以实现最佳的人员组合。当今社会,市场竞争愈演愈烈,为了能够更好地适应职场,员工们想要在工作的同时,持续地提高自己的整体素质和工作能力。而这样的要求就跟公司所开展的内部培训相匹配,公司可以利用一系列的培训来对公司所需要的新型人才进行培养。公司用业绩评估的成绩来指导员工的晋升、培训和岗位的轮转,而员工们可以根据业绩评估的结果来了解自己,这也是他们制订职业发展计划的依据。而人力资源管理中的薪资模式,不仅可以反映出员工的业绩,也可以反映出员工在企业的职务提升情况。

　　因此,尽管两者存在一定的差异,但是两者又有着密切的联系。员工职业发展的每一个阶段都要求人力资源管理的每一个模块能够提供强有力的支撑。

二、加强人力资源管理信息系统的建设

员工职业生涯管理体系完成之后,要做的就是将重心放在与之相适应的公司内部电子信息系统的建设上,公司内部电子信息系统的应用确保了公司与员工之间的信息交流没有任何的阻碍,从而有效地消除了企业与员工之间存在的信息不对称的问题,对企业的岗位需求信息和员工的个体质量信息等方面进行了较为完整的展示,为企业与员工提供了一个实现供求均衡的最好的平台。

作为一种新型的企业内部系统,该系统中包括企业和员工所需要的丰富的信息资源。通过该平台,可以很好地实现员工职业生涯管理体系的目标,在企业明确岗位需要的同时,也可以让员工有机会实现自己的职业梦想。信息系统的建立,能够增进公司与职员之间更好的交流与互动,做到彼此提升。

电子信息系统公布的信息包括员工信息和企业信息两部分。

（一）员工信息

员工的信息资料包含下列各项:

（1）个人资料:主要包括性别、出生日期、籍贯、学历、学位、工作经历、学习经历、专业技术职称、婚姻状况等。员工的基本资料在其进入工作岗位时就已获得,并由人事部门进行周期性的修改与增补。

（2）员工业绩资料:包括过去5年内的工作经历、工作表现和在工作中所获的荣誉。员工业绩资料主要通过对企业内部人员进行业绩评估而生成,并通过人事管理部门对员工业绩资料进行及时的更新与补充。

（3）关于员工工作能力和期望的资料:包括员工的性格、兴趣爱好、工作技能、工作能力、职业价值观、职业期望等。这一部份信息主要来自员工与领导在工作中的沟通与交流。

（二）企业信息

企业通过建立一个完善的电子信息系统,把各种与员工有关的资料集中起来,并展示给员工,不仅实现了公正、透明,而且可以实现信息的

对等,为员工指出了前进的方向。更重要的是,通过有效地沟通和交换有关的工作资料,扩大了员工职业选择的范围,这样可以帮助企业更好地使用人才,达到最佳的人力配置,从而提高雇员的满意程度。

企业的详细资料包含下列各项:

(1)职位资料:包含公司的组织结构、各部门的职位设置、职位说明书、职位编制、目前职位的职位描述等。

(2)职位空缺:此项资料是关系到员工未来发展的关键,企业应该以即时、动态的形式,将职位空缺的相关资料,尽快地公开。这种方式可以让更多的人参加公司的职位竞聘,特别是在一些比较关键的职位,如果有更多的人参加竞聘,就会有更多优秀的人才被选中。通过对职位空缺的广泛宣传,可以形成公司公平竞争、平等透明的良好气氛,能够让员工积极参加竞争,激发员工积极、努力的工作热情,从而使公司成为一个学习型的企业,为公司创建优秀的企业文化打下坚实的基础。

(3)培训资料:包括培训内容、培训时间、培训方法、培训对象和培训目的。员工的工作技能是一种必须持续改进和提升的技能,它必须随着工作内容和工作方法的变化而持续地进行升级,因此企业要在各个发展阶段的工作要求下,开展有目的的人员培养。对于公司来说,可以利用内部员工培训,对合适的人员进行培养,从而持续地培育出公司所需的人才,特别是在公司当前没有合适的人员填补职位空缺的时候。对于员工来说,参加培训不仅能够获得技能,也是公司提供的福利。员工的培训经历跟他们的职业生涯发展有着密切的关系,接受过培训的人,通常都会多一些知识和技能,从而有更多的发展空间。

在公司中,任何一种制度的构建,都是为了提升公司的核心竞争力。电子信息系统可以为公司和员工个人提供一个很好的交流平台,也有利于公司员工的职业生涯发展。所以,公司的人力资源部门有必要保证在该电子信息体系中发布的与工作有关的资料的全面性、完整性和有效性,对这些资料进行实时的补充与修正,让公司与员工的交流平台能够顺利地、高效地运转起来。未来,当该电子信息系统运行平稳,步入正轨之后,可以考虑添加一个员工自荐的信息平台,该平台的搭建能够让员工用一种理性的方式来表述自己内心对工作的憧憬和期望。

三、加强员工培训与沟通

当今社会,公司在组织和经营中,越来越重视对于员工的培训与沟通。企业的培训既是对员工提供的一种莫大的保障,又与企业职工自身的职业发展息息相关,能够使员工的各项能力得到持续的提高。公司在为员工制定培训计划的时候,不仅要考虑公司的生产经营发展的需要,也要考虑员工自身职业发展的需要,让员工能够在自己的工作岗位上获得与之匹配的培训课程。

近年来,很多公司对人员的培养都非常注重,每年都有大量的人员和资源用于人才的培养,从而有效地提高了企业的人才价值。在公司的日常运营中,按照各部门、各岗位、各专业技术的具体要求,定期或不定期地对有关的员工进行各种内外培训。尽管在培训需求、培训计划和培训组织方面,都已经拥有了比较完善的模型,并且各种培训活动都能够高效地进行下去。但是,因为不少公司始终没有重视员工的职业生涯发展,因此在培训的内容设计方面,并没有专门针对员工的职业生涯管理而开设的系列课程,依然是以生产经营基本业务知识、岗位技能知识、专业技术知识等作为主要的学习内容。

为了保证员工的职业发展系统能够顺利、高效地运作,企业在对员工进行培训时,应当更加注重对员工的职业发展进行管理,并提供与之对应的相关的课程。

（一）关于工作和职业生涯管理方面的知识训练

对员工们进行关于工作与职业生涯管理的相关理论训练,并对他们的工作进行引导,帮助他们了解自己在工作中可能遇到的问题,找到工作成功的秘密,让他们对自己的工作和公司的宗旨、原则及目的有更深的了解。要让员工认识到自己的事业发展和公司发展之间存在着紧密的联系,从而把自己的理想和公司的发展战略结合起来。在此基础上,进一步明确对员工开展职业生涯发展规划的重要性。

（二）关于新业务知识理论的培训

以公司的战略发展计划为依据，在新的业务领域中，分层次、分级别，对不同的人员展开一系列分布式知识训练，可以通过知识讲座、考察调研、分组讨论、分发相关学习材料等方法，展开有针对性的培训，使员工的知识系统得以升级，同时更深入了解公司的战略规划。

（三）职业技能提高训练

员工职业技能提高训练对于企业和员工都至关重要。

第一，企业可以提供专业培训课程，涵盖员工当前从事工作所需的技能和知识，以及未来发展所需的技能。这些培训可以是内部开展，也可以是外部聘请专业机构进行。

第二，建立内部导师制度，让经验丰富的员工指导新人，分享经验和技能，加速新员工融入工作状态。

第三，提供在线学习平台或资源，鼓励员工利用碎片化时间进行学习，例如观看培训视频、参与在线课程等。

第四，促使员工在工作中实践所学技能，通过项目或任务的方式将培训内容转化为实际工作中的经验和能力。

第五，建立与职业技能提高相关的激励和奖励机制，如考核、晋升或者薪酬调整，鼓励员工积极参与培训并提高自身技能水平。

第六，培训后及时给予员工反馈，以便员工了解自身在技能提高方面的进步和不足，并根据情况调整培训计划。

第七，定期开展员工培训需求调研，了解员工在职业技能提高方面的需求和意愿，有针对性地开展培训计划。

总的来说，为员工提供职业技能提高训练将有助于提高员工的工作绩效，增强团队的整体能力，同时也有助于提升员工的工作满意度和职业发展前景。

四、职业生涯管理系统的动态管理

职业生涯计划是一项长远的工作,因为要适应企业发展中对人才的要求,也要适应个体发展需要的不断改变。在企业的运营和管理层次上,由于企业要持续推进员工的发展、人才队伍的建立,因此,企业的职业生涯管理工作也并非一成不变,它处于一个动态的、与时俱进的发展进程中。

这种"动态"的特点,既表现为企业自身的"动态",又表现为企业与个人的互动与合作等。职业生涯管理不只是一件关于员工的工作,更是一件企业和员工双方为了达到彼此的目的,需要一起努力去做的事情。在企业与员工的每一步发展中,都要进行有效的交流与合作,只有这样,企业与员工的利益才会得到最大程度的保障,员工的职业生涯计划才能最大程度上符合企业与员工的利益。

简要地说,动态管理的过程就是:员工与公司共同制订职业生涯发展计划,在双方共同决定了该计划的内容后,就可以进行具体的实施了。在职业生涯发展计划的实施过程中,公司会为员工安排相应的各类培训,协助其顺利地实现自己的发展计划,而其所属的部门则会联合人力资源部,对其职业生涯计划的实施情况进行跟踪、监督和效果评价,并进一步按照公司的反馈,对原有的发展计划进行修改和调整,然后与公司一道制定新的职业生涯发展计划。以上过程不断循环,使职业生涯管理成为一个动态的、可持续的、可操作的工作,从而让员工的职业发展呈现出一种不断向上的动态发展势头,员工的职业生涯发展计划也可以逐步完善、规范,最终朝着成熟的方向发展。

五、进一步建设优秀的企业文化

在科技不断发展的今天,在现代企业中,人才是最主要的资源。21世纪是"人才"的时代,高科技和现代化管理的核心是"人",而"人"是企业竞争的核心,企业间的竞争是"人的竞争"和"知识的竞争"。一个公司要想取得成功,就必须拥有一群勤劳的员工,并遵循"以人为本"的理念,尊重和理解员工,帮助员工找到自己的事业,给员工良好的发展空间。

　　企业要想在变革中获得发展,企业的经营范围就需要不变更新和扩展,企业的组织架构、人员结构和岗位也会发生相应的改变,因此,企业必须对人力资源进行有效的管理,最重要的一点,就是要建立一支能够满足企业可持续发展需要的高素质的人才队伍。任何一家公司的任何一种发展,都离不开文化的支持,要想形成一种系统化、科学化、合理化的人才观念,建立一套完善的人才管理制度,就要形成一种"以人为本"的文化。"以人为本"的公司文化,只有真正深入到员工的心灵,他们才会从心底里自觉地维护公司的利益,积极主动地投入到工作中。所以,现代公司的人事管理必须建立一种"以人为中心"的企业文化。企业应本着尊重员工个性、公平平等的原则,最大限度地发挥员工的主动性、积极性、创造性,增强部门及岗位间的协作精神,使企业的每个员工都能在思想上产生一种归属感,进而为企业的变革和发展做出自己的努力,从而确保企业的员工职业生涯管理制度能够得到切实的落实。

　　在现代社会,企业应该把"以人为本"的思想贯彻在每一项人事工作中,从而使每一位员工都对公司忠心耿耿。同时,"以人为本"的公司文化,也反映出公司在制定员工的职业发展规划时,所遵循的公平、公正、公开的原则。

第八章

新时期人力资源管理体系的创新优化

第一节 人力资源管理体系的数字化创新

数字技术的快速发展,给所有的行业都带来了崭新的变革,因此,要想实现公司的转型和提升,就必须以数字技术的推广和使用为出发点,对公司的内部管理方式进行变革,而这当中,与公司的运营效率有着密切关系的人力资源管理的数字化发展起到了非常关键的作用。在数字时代,公司的各项工作都变得更加方便和科学。以数字技术为支撑,推进人力资本的变革是现代企业发展的必然之路。

一、人力资源管理数字化

最近几年,无论是咨询公司还是实体企业,都在不断地对人力资源管理的数字化进行研究。

根据德勤公司的说法,在公司整体的数字浪潮中,人力资源部门应该是数字转型的先驱。工作环境和雇佣模式的数字化,使工作和合作的形式逐步发生变化。首先,人力资源部门要引导员工进行数字思考,引导员工进行数字变革,建立一个数字化企业。其次,通过数字化平台的建立、应用与服务,对人力资源管理的整体体系、架构与过程进行改造,提升人力资源管理工作人员的工作效率。在人才管理的数字化过程中,并不只是对各类应用(Apps)进行全面的开发,它还包含了以云端、数据分析技术为基础的新的移动平台,在该平台上对各功能模块的应用进行整合,例如考勤、薪酬福利、招聘、协作、目标管理等,而从这些整合中所收集到的信息将会在任何时候任何地点向用户提供咨询服务。

CEB(Corporate Executive Board,企业执行委员会)认为,数字化就是企业转型的过程,利用数字技术革新商业模式、创造新的盈利模式、创造新的价值。数字技术给人力资源管理者带来了机遇和挑战。当一个职位发生变化的时候,公司就需要重新考虑自己的招募策略,避免出现人员不足的情况。

国外一些大公司在实施人力资源管理数字化的过程中,也积累了一定的经验。

在 IBM 看来,人力资源管理的数字化更趋近于"金字塔",而想要更进一步,则需要从最底部的数据库、流程自助化、自助服务等平台中获取更多的信息。通过数字化的方式,我们能够更好地了解和预见人力资源管理的整体结构、员工的状况,并能够更好地进行人力资源管理的决策,因此能够更快地做出响应,提高工作的有效性。通过这些工作,可以提高公司的各种商业过程的可视性和明确性,提高员工的认识水平。与此同时,利用社会网络,加强员工与管理者之间的沟通,多层面的沟通也可以提高公司的整体形象。在此进程中,人力资源管理应大力倡导并推动变革,最终达到数字化人力资源这一转变。

在福特看来,"数字化人力资源"应从"技术"和"数据"两个层次来界定。从技术角度来看,一是为企业的员工及人力资源管理者们配备相关的技术,为企业员工进行数字赋能;另外,以前人力资源管理部门必须亲自去做的工作,现在也可以利用科技手段在网上进行咨询。而在数据方面,福特一直致力于挖掘大数据的潜力,通过对大数据的研究和对未来的发展进行预测,为公司的人力资源管理战略做出贡献。

二、数字化背景下企业人力资源管理创新中面临的挑战

(一)数字化人力资源管理基础设施较为薄弱

数字化软件、数字化系统和数字化平台等是数字化人力资源管理基础设施的重要组成部分,而数字化软件和数字化系统的配置不健全会对企业的人力资源管理工作产生很大的影响。第一,需要改进数字化人力资源管理体系。比如,一些公司为了方便起见,会直接采购第三方公司研发的人力资源管理数字化体系,有时候这种体系与公司发展战略不能很好地匹配。第二,对人力资源管理数字平台的操作能力有所欠缺。这主要是因为,有些公司的人力资源管理还没有达到新的阶段,无法跟上国外公司的发展速度,因此,引入数字化平台的工作也只能算是一件顺其自然的事情。在实际的工作过程中,人们对数字化平台的操作还没有完全熟悉,有些功能的发展还没有充分深入,没能够取得理想的结果,从而对人才培养产生不利的影响。

(二)数字化人力资源需求模型尚未构建

第一,未利用数字技术实现对公司人才的总体需求量的准确预估。构建数字化的人力资源需求模型涉及很多问题,所以,公司不可能以生产技术、产能投入等为基础,来对人才的需求进行预估,而与之对应的人才的招募和培训方案也只能够在短期之内有效,不能够应付突发情况。尤其是在规模较大的公司,如果不能让员工满意,将会严重地降低公司的经营效益。第二,不能对企业人力资源需要的数量与质量进行有效的预测。因为缺少数字化的人力资源需求模型,所以有些公司在对人才需求和人才质量进行分析的时候,往往会根据自己的工作经历来进行,这就造成了公司的人才招募与公司的发展需求不相适应,公司的训练内容与所需的人员的质量结构不相适应。以某公司为例,在进行人事制度改革的过程中,由于缺乏对员工的信息化需求建模,员工的招募申请要经过一重又一重的审核,导致员工的招募工作无法得到有效满足。另外,由于缺少对员工质量的有效预测,造成了人力资源的大量浪费。

（三）人力资源管理制度与流程尚需完善

人力资源的数字化开发,缺乏一套系统的、科学的创新制度,与人力资源的需要相脱节。比如,一家公司意识到了数字技术所具有的优点,于是引入数字技术以加速人力资源管理创新的过程。然而,相关的系统却没有适时地进行升级,这就造成了工作中权责不清、目标不明。另外,有些公司只在员工招募、训练等方面实现了信息化,而在员工的工资及业绩考核方面,还是以人工为主。

（四）人力资源管理工作环境较差

第一,部分公司还没有建立起数字化的工作场所。在数字时代,一些公司的人力资源管理工作还停留在以人为中心,与数字技术的相结合并未得到很好的体现。例如,没有形成一个数字化的工作环境与气氛,员工们没有一个统一的数字化的进入渠道,网上交流的便捷程度不高,从而会对交流的有效性造成不利的影响。第二,某些公司的人事工作仍存在着时空制约。一些公司没有对数字化人力资源进行开发,甚至即便是进行了,其可用性也不是很好。这就使得公司的人力资源管理工作受到一些时间与空间因素的制约,从而对人员的管理创新过程产生不利的影响。拿一家公司来说,因为公司的规模还很小,公司在相关技术和资本方面的投资相对较少,公司并没有将大数据技术、移动通信技术、人工智能技术、数字化技术等新技术与公司管理进行很好地结合,因此公司内部缺乏数字化环境,也就无法高效地完成人岗匹配工作,这就造成了公司内部在人员配置方面一直处于停滞状态。

三、企业人力资源管理数字化发展对策

（一）完善数字化基础设施,建立人力资源数字化管理平台

随着公司人事制度改革的深入,公司人事制度必然会向数字化和智能化的方向发展。第一,搭建人力资源管理信息系统,对人力资源管理实施线上和线下的混合式信息系统。利用数字技术和平台,公司的人

力资源管理部门可以把有关的消息用一个移动应用程序发送到员工那里,从而节省大量的时间和精力。在此基础上,对企业内部人员的基本情况进行分析。第二,完成排班、考勤和工资计算的智能控制。利用数字化系统,可以实现智能化的排班与考勤管理,提高了人力资源管理的弹性,不仅可以简化审核过程,还可以提高人力资源管理部门的工作效率。在智慧算薪中,将员工的考勤模块和员工的智能算薪系统相结合,实现了数据共享。第三,搭建协作的服务平台,提高工作人员的服务水平。在建立了数字化协同平台之后,员工可以在线上请假、收看公告提醒等,从而提高了员工的体验度,让他们更愿意积极地利用这样的数字化平台。

(二)构建数字化人力资源需求模型,合理配置人力资源

第一,要做好人力资源的总体需求量的预估。以企业发展规划、生产与技术投入为依据,对人才的需求进行预先的估算,制订相应的招聘计划,以便于进行人才储备,满足企业发展的需要。第二,对企业人力资源的结构做出分析。公司应该以目前员工的年龄、学历、经验等信息为基础,运用需求预测模型,来判断未来一段时期内对人才的结构需要,这样可以方便地对其进行针对性的调整。第三,对企业的人力资源的质量要求进行分析。通过使用数字化的人力资源需求预测模型,公司可以了解目前员工的总体状况,包括员工的个体素质及综合能力,从而更好地与职位需要进行匹配,防止造成人力资源的浪费。此外,要按照市场的发展和公司本身发展战略的要求,对将来的人才质量结构做出预估,这样就可以适时地制订出一套招募和训练方案,从而提升人力资源的管理效率。

(三)进一步完善人力资源管理制度与流程,为创新服务

系统和程序的改进可以帮助企业进行人力资源管理的改革。第一,改革数字环境下的企业人事管理体系。以数字化发展要求为基础,企业管理者在进行人事管理系统的改革过程中,必须对企业的人事管理状况有一个全面的认识,对有关的主体职责进行清晰的界定,对有关的问题进行制约,并对其进行正面引导。在人才培养过程中,人才培养体系要

完善,要有针对性、前瞻性,才能适应人才培养的需要。第二,改进人力资源管理系统的数字化过程,推动人力资源管理系统的整体升级。在数字化的环境中,随着企业的发展,企业对内部人员的管理变得更加完善,企业内部与外部之间的联系也变得更加密切,所以企业内部人员的人力资源管理过程也要进行相应的升级,升级后的过程应该更加简洁、更加科学,从而持续地提高企业内部人力资源的有效管理水平。在人力资源管理系统的使用过程中,员工可以根据人力资源管理的数字体系和平台使用体验,对人力资源管理流程进行定时的修改,以确保其实效性。企业的人事管理系统和工作过程必须以数字技术为基础,为企业的经营改革提供有力的支持。

(四)优化现有工作环境,打造数字化人力资源管理工作空间

建立一个数字化人力资源管理工作空间,透过系统性的训练,加强人力资源管理数字化的发展理念,促进人力资源管理体系的革新。第一,为公司人力资源及人力资源管理人员搭建一个信息化平台。在进行人力资源管理工作时,既要有公司人力资源管理部门的积极参加,也要有公司员工的积极配合,所以,在数字化系统中,也要为公司的员工提供一个可以方便查看个人信息、通知消息等的入口,以此来持续提高公司全体的数字化工作意识。第二,研发一款智能型的应用程序,为公司的人力资源管理提供便利。通过使用智慧手机 App,可以突破时空的局限,在这种情况下,公司的人力资源管理部门只需要一部手机就可以实现相关的人力资源管理工作,这与传统的工作方法相比,也是一种创新。第三,建立人力资源管理政策制定的基本模块。在建立基本模块的同时,还必须安装一个智慧的分析模块,运用数字化技术,对公司的人才进行自动化分析,进而为相关的管理工作提供更多的帮助。

第二节 "互联网+"时代人力资源柔性化管理

伴随着经济的发展和市场环境的变化,员工们对公司的组织氛围、晋升机会的公平性以及薪资和福利的要求越来越高,因此,公司的人事管理也遇到了新的问题。本节从提高人力资源管理效果的角度出发,研究了柔性管理的概念及其在人力资源管理中的作用。随着"互联网+"技术在新时期的发展,人们的工作模式正在发生着根本性的变化,因此,利用"互联网+"技术来建立一套适合于公司特点的灵活的人事管理体系也成为公司发展的一个重要方向。

一、人力资源柔性管理的相关阐述

现阶段,企业人力资源管理的地位越来越重要,人力资源正在逐步成为具有支配地位的资源。在对人力资源进行管理的过程中,除了刚性化的管理方式之外也应该从企业的文化精神、价值观角度出发对员工进行柔性化管理[①]。

传统的人事工作以硬性的管理为主。现如今,企业内部存在着"刚性"和"柔性"两种管理方式,前者把权力交给了上级,后者把权力交给了下级;刚性管理是以公司的规章制度和经营途径来传达消息,柔性管理则强调人与人之间的交流;"硬性"的管理强调对员工的约束,而"柔性"则强调员工的自主管理;"硬"以"稳"为核心,"柔"以"变"为核心;在固定型公司,其经营方式保持不动,而在弹性型公司,其经营方式具有很大的可延展性;硬性管理仅注重对员工进行工作指引,而软性管理则注重对员工的工作安排和长期发展计划;"硬性"的管理强调对员工的"物质性"的"奖励",而"柔性"的管理则强调对员工进行"多样性的

---

① 史阁妮.基于"互联网+"的制造企业人力资源柔性化管理研究[D].大连:大连海事大学,2017.

奖励"。

柔性管理的四个特点是：激励的有效性，作用的持续性，环境的快速适应性，内在的驱动性。许多学者已经对人力资源柔性化管理的影响进行过探讨，例如曼会平（2012）提出，人力资源柔性化管理的执行可以提高公司的业绩，即便是在面对越来越强的市场竞争压力时。史静丽（2015）以具体的实例论证了人力资源柔性化管理能够有效地提高提高人力资源管理水平。建立"互联网+"下的公司人力资源柔性管理系统，是根据公司的整体发展需要，在公司的灵活的文化背景下，从人才需求和培训、绩效考核和奖励等多个角度，促进人力资源柔性化管理的有效实施。人力资源柔性管理，就是要建立一种高效的、灵活的人力资源管理方式，强调人力资源管理的民主化和权利的均衡性。而对员工的个性给予更多的重视，能够增强员工的归属感和凝聚力，增强员工队伍的稳定。

二、基于"互联网+"的企业人力资源柔性化管理具体措施

（一）构建企业人力资源信息库

建立"互联网+"条件下的企业人力资源管控信息数据库，是对企业人力资源的相关信息进行统一管理的重要手段。通过对人力资源信息系统的分析，提出了一种基于人力资源信息系统的人才评价方法。"互联网+"背景下，基于人才需求与公司发展计划，建立灵活的绩效考核、灵活的激励、灵活的人才供给与需求、灵活的培训等信息，并以各信息库中的信息为依据，剔除多余的人力资源管理流程，采用 E-R 方法[1] 对"实体-属性-关系"进行分析，最终实现数据的标准化、编码与整合。建立好数据库后，要登录，必须先进行注册，通过认证，然后才能获取有关的信息。

（二）确立柔性绩效考核评估机制

在"互联网+"的新时期，人们之间的距离变得越来越接近，人们在

---

① E-R 方法是"实体-联系方法"（Entity-Relationship Approach）的简称。它是描述现实世界概念结构模型的有效方法。

生活、工作中的联系也越来越多。针对目前我国企业的"信息错位"问题,采用"互联网+"技术,搭建一个能够让员工自由地表达其价值观和情绪的交流平台,可以实现公司各个层级之间的交流。建立与企业内部人员交流的动态开放的绩效评价体系,在进行绩效考核的过程中,采取了一种让所有的人员都能够参与的方式,从而提升了它的透明性。在制订公司的人事绩效考核的评价标准时,可以将员工的情绪需要和自我发展的需要作为一个参照,让每个员工都能够最大限度地展现自己的才华,从而提升了人事管理的人性化程度。在建立业绩评价体系时,利用"互联网+"技术,更加注重柔性考核指标的设置和评价方式的选取,强调了员工在公司中的作用,从而提高了员工的责任感,增强了员工对公司的感情,使其有一种对公司制度的认同感,从而推动公司的可持续发展。

(三)利用"互联网+"柔性化管理完善员工激励制度

在公司人事管理中,对人员的鼓励主要集中在物质的鼓励上,在精神方面,公司并没有给予足够的重视,忽略了他们与公司之间的情感联系。人是一种情感的动物,唯有让他们感觉到来自公司的关爱与温馨,他们与公司之间的关系才会变得更加亲密,从而提升他们对公司的忠诚度和黏度。在实施人才柔性化管理的过程中,需要对人才柔性化管理的方法进行改进。柔性激励的具体实施方法包括:第一,采取多种形式的鼓励,在对员工进行物质鼓励的同时,还可以借助网络平台,建立起一个员工网络,让员工在网络上发表自己的意见,从而可以制订出一个员工关怀计划,并对员工进行有效的精神激励,让员工能够更好地提高其自身的管理水平,比如可以在网络上进行职业规划计划、建立荣誉体系等。第二,运用"互联网+"技术,对员工进行调研,协调员工的工作与生活,使其有更多的空闲来参加公司的互动经营。利用"互联网+"的服务平台,对薪酬标准、职业规划等方面的需求进行及时反映。第三,建立灵活的工资制度。在对员工进行业绩评价的基础上,以员工的工作为依据,运用人力资源管理系统计算员工的柔性价值和对工作的贡献值,并根据员工在工作中所处的不同位置和所拥有的价值及贡献度来确定薪酬,实现对员工的分层激励,从而将员工的工作潜力完全激发出来。比如,对技术人员进行适当的岗位奖励。

（四）开展人力资源柔性培训活动

在公司的发展过程中，人员的培训是公司的一项战略性的投入。但是，在传统的公司，对人员进行的培训，往往是一顿"大锅饭"，对所有的人员进行的训练都是"一视同仁"的，而且训练的内容也是一成不变的，这就造成了员工接受的培训无法适应具体的工作需要，工作效率的提高受到限制，造成了人力、物力和财力的浪费。为此，必须从根本上转变现有的人才培养模式，而利用"互联网+"技术对人才进行柔性培养则是解决这一问题的有效途径。

在"互联网+"环境下，企业要实施柔性的人力资源管理，必须对企业的员工进行全面的了解，并在此基础上制定相应的培训计划，采取合适的培训方式。企业实施柔性人才培养应尽可能地适应企业的工作需要，为此，企业应在培养前，采用"互联网+"技术，对企业的人员培养需要进行全面的调研，运用大数据技术，对各职位人员培养结果进行分析、整理、归类，并依据分析结果选取相应的培养项目，实现分批次、分层次的培养。与此同时，在培养的过程中，利用"互联网+"的教学模式，通过网上授课，使员工能够按照自己的学习计划，自由地挑选学习的课程，从而增强员工的学习效率。在培训后的成果评价方面，采用"互联网+"技术和柯氏公司的四级评价体系对训练结果进行综合数据分析，数据化呈现可为培训方法与措施的科学决策提供依据。

第三节　基于大数据的人力资源体系设计与实现

在信息科技的带动下，各行各业蓬勃发展，企业需要不断提升自我的核心竞争力，提升自身的服务水平，完善人力资源管理体系是提高企业效益的关键。现代企业管理的一个必然趋势是企业人力资源管理的智能化。

一、当下企业人力资源大数据管理系统建设现状

（一）人力资源信息管理系统建设费用比较高

要想完成人力资源管理的信息化，就必须配备一些软硬件来完成。例如计算器、主机、输入输出装置等属于硬件，CSRF[①]等属于软件。因为在使用信息技术装备的时候，会涉及使用、试用、修改、培训等环节，所以不但要投入大量的资金，而且在维护和使用上也要耗费大量的精力。

（二）对人力资源管理的专业化要求较高

要想应用好这一种信息管理方式，就必须有更高的技能，这就需要有企业管理才能、计算机应用才能、综合信息分析才能、数据库应用才能等综合能力的员工，如此方能深刻地分析出信息的真实价值。

（三）对信息安全性没有给予足够的关注

在当今时代，大数据的价值是很高的，在如今信息化技术环境中，很可能发生黑客入侵、计算机病毒感染等事件，从而造成公司的资料被盗和泄露，从而对公司的核心竞争能力造成极大的冲击。所以，在这种环境下，作为企业的管理人员，除了要高度重视公司信息安全之外，也要采取更为有效的技术对其进行保护。

二、基于大数据的人力资源管理体系的建设实践

（一）建设思路

利用一种行之有效的方式，对公司现有的人事管理系统的业务流

---

① 跨站请求伪造（英语：Cross-site request forgery），也被称为 one-click attack 或者 session riding，通常缩写为 CSRF 或者 XSRF，是一种挟制用户在当前已登录的 Web 应用程序上执行非本意的操作的攻击方法。

程及功能进行全面的梳理,找出那些需要优化的流程及功能,展开系统
总体设计分析、系统需求分析、软件架构设计、系统设计、系统实现与测
试、系统运行与维护等工作。此外,还需要对各个系统的软件和硬件设
施进行投资,并进行持续的升级和改进,从而实现对公司的人力资源大
数据管理系统的高效应用。同时,对每个部分的功能模块进行细分,明
确每个模块的主要功能,使用 Python 开发语言和 MySQL 数据库来实现
这些功能,然后完成系统的实现以及系统测试,确保企业人力资源大数
据管理系统的有效运行。

(二)架构设计

企业人力资源管理系统的总体架构分为四层,分别是数据接入层、
数据库层、业务层以及展示层。某医院人力资源管理系统总体架构如图
8-1 所示。

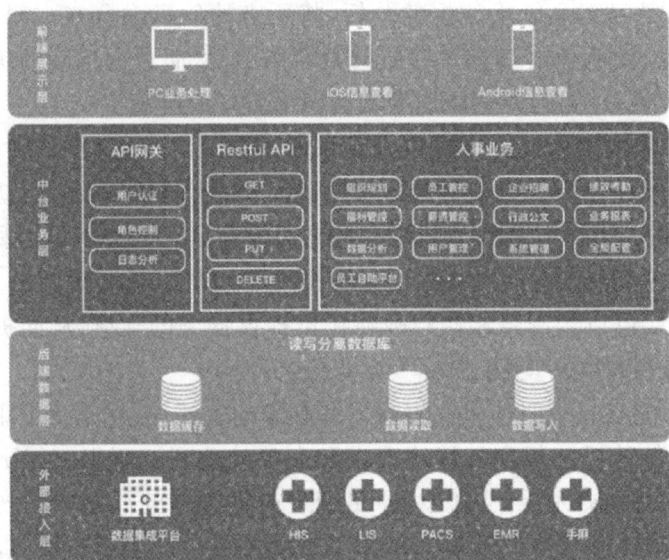

图 8-1 某医院人力资源管理系统总体架构

图 8-1 是一个基于 Python 的大数据管理系统,它采用了 Html5
来建立一个基于 Html5 的大数据模型,数据库的小数据模型是运用
MySQL 来建立的,它采用了 B/S(Browser/server)的体系,通过大数据
模型来提取、挖掘、分析、预测所有的员工信息,从而保证了医院信息的

高效利用。

(三)子系统模块

人力资源大数据管理系统包括组织规划、员工管理、企业招聘、绩效评估、福利管理、薪资管理、数据报表、系统用户、系统管理共九部分。

(四)建设特点

(1)从企业的视角,对企业的组织结构、工作特征、资金水平、员工的电脑运用水平等进行综合考量,构建一套适用于企业的个性化的大数据管理体系。

(2)运用大数据技术,与企业评价标准、员工绩效评价标准等相结合,形成日、周、月、季度和年度报告等,为企业提供有效的数据。

(3)经过对系统大数据的分析,将所有的信息融合在一起,甄别出有用信息,使有效的信息发挥出最大的作用,从而帮助医院的决策者在人力成本预算、人力资源规划等方面做出更好的决策。

(4)利用人力资源大数据管理系统,可以让管理者在日常工作中,迅速、有效地处理好人力资源管理相关工作,从而减少人力资源管理的时间和精力消耗,让管理者可以把注意力放在公司的战略目标和长远经营上;另一方面,通过对庞大的人力资源管理数据进行及时的采集、整理和分析,可以为制定和执行战略决策提供强大的支撑,从而提升企业实现组织目标的可能性。

一个能在这个时代里产生并发展起来的公司,必然是一个跟上了时代步伐,各种机制都在持续地改进和完善的公司。要想获得更好的发展,公司就必须对所有可以对公司管理产生影响的体制和制度进行改进,还必须强化与人力资源大数据系统管理有关的制度,进而促进企业的总体运营效率提升。

第四节　人力资源云平台的创新策略及其实施路径

一、人力资源云平台的产生及其影响

（一）人力资源云平台的产生

20 世纪 90 年代以来，外资企业、民营企业以及部分国有企业对人才外包的需求不断增加，人才中介业务得到了迅速的发展。随着用户对业务的专门化和业务的多元化的要求，人才中介机构对业务的划分日益细化。而伴随私营企业的不断发展，以及外国企业的不断介入，中国的人才服务已表现为服务内容更加专业化、服务领域更加多样化、服务群体更加精细化。同时，也呈现出越来越多的人才服务业务扁平化、平台社交化的倾向，人才服务产业的重点从 B2B 的方式正在逐步转向 B2C 的方式，在今后，人才管理服务业务还有可能向顾客的个人领域进行深入和扩展。

以云计算为基础的 SaaS 是一种新型的"按需求"的业务方式，它颠覆了"以授权为核心"的传统业务模型。SaaS 的租赁方式让使用者仅需要按照其使用量来付费，从而减少了公司在人力资源管理方面的投资，还可以对需要的功能、服务进行灵活的设置，在更新升级速度、兼容性上具有显著的优点。大量的 SaaS 业务模型的建立，为产业互联网平台的诞生与发展奠定了坚实的理论依据。

为此，"上海外服"于 2015 年 8 月正式推出了以技术创新和模式创新为中心的人才管理系统"外服云"，并将其作为我国首个人才管理系统，以云计算为基础，以人才管理为中心，积极探索人才管理系统间的内在联系。上海外服现已经顺利推出了外服云计算 2.0 版本，正在不断探索、尝试新型的人才管理云计算业务。

（二）云平台给人力资源管理带来的影响

各种类型的人力资源云平台提供的专业服务，极大地提高了公司的人事事务工作的处理速度。此外，人力资源 SaaS 还可以连接订餐、弹性福利等，让公司的员工感受到更好的工作环境。而对于公司来说，它能够将重点放在公司的绩效提升和战略的落地执行上，从而提升人力资源服务的品质和运行的效率。互联网云计算的出现，对企业的人力资源管理产生了深刻的影响。

1. 使用数据作出人力资源管理决策

在传统的人力资源管理中，大部分都是依赖于人的经验和主观的判断，主要是定性的方式，而定量的方式却很少见。很多公司中，人力资源工作者做出的决定都是基于个人的经验、上司的判断甚至是个人的偏好，这往往会导致他们的决策质量低下。而在云平台上，通过集成不同层级、不同结点的海量信息，为企业的人才培养和人才开发提供了更多的信息支持。利用大数据，不但可以对工资模式及企业福利模式的构建展开深入的发掘，同时，公司还可以对员工的关键业绩展开更精准、更全面的评价。而以大数据为基础的人才招聘可以在更大的规模上，将本公司的数据和市场上的数据进行比较和分析，从而可以作出更准确的决策。

2. 提升人力资源管理工作效率

由于云计算庞大的信息量，使得人力资源管理人员能够获得海量的、有意义的信息。例如，在社交媒体上，各种各样的专业人员的个人信息和他们的交流轨迹，都为公司的员工招募工作带来了一些蛛丝马迹。互联网可以覆盖任意一个地区，公司利用网络来进行人员的招聘，这种方式不会受到时间与空间的约束，而且可以被传递到有网络的任意一个角落。互联网的云计算拥有自动化、智能化的工具与平台，拥有强大的运算能力，它可以代替原来的手工作业，有效地、准确地对各种信息进行处理,通过大数据,可以对人们的网上行为进行科学的剖析,从而生成一幅多维雷达图,为人们寻找合适的工作。"互联网+"使公司的培训内容与培训手段发生了翻天覆地的变化:借助网络的储存与回放技术,网上的教学模式得到了广泛的认可,而各种教学模式也以网络为基础,不断地进行着更新与改革,并将知识整合与管理纳入到一个以知识为中心的能力体系之中。如今,越来越多的公司通过建立工作平台,将来自各个地区的人员联系起来,从而达到协同生产的目的。

3.降低人力资源管理成本

在过去,大多数的公司都是采用定制开发的形式,但是这个形式往往耗时较久,并且成本较高,从网络系统采购、定制化开发到系统上线等,都要耗费大量的资金和精力,但是人力资源云平台的出现,使得这个成本得到了极大的缩减,可以缩减到只有原来的五分之一,乃至十分之一,这样就大大减少了公司的人力资源系统的投资成本,并且可以对所需的功能和服务进行灵活的安排,在更新升级速度、兼容性等方面具有显著的优点。而这一切的功能实现,都是由云公司来完成的,他们会根据用户的实际情况,对每一款产品进行规划—设计—开发—测试—上线,然后以最初的一波产品为基础,对其进行持续的优化和更新,同时,也要把一些标准的、最好的商业模式融入到这个系统中,这样的产品,会耗费大量的精力、时间,还有资金,但是这个技术所需要的高昂开发费用,也会被更多的用户分摊,让开发成本大大降低。

二、人力资源云平台的系统构架与服务模式

(一)人力资源云平台的系统架构

人力资源云平台是为公司的人事管理工作提供信息与数据处理的平台,它是一种现代化、智能化、自动化和信息化的工具。随着公共云技术的不断发展与普及,人力资源云平台的建设将不再局限于硬件,大部分的人力资源云服务都可以通过阿里云、华为云、腾讯云等提供人力资源云服务,而且价格低廉,使用方便。人力资源云平台的系统架构包括

如下方面。

1. 功能模块云

其中,功能模块云作为人力资源云平台的"大脑",是人力资源云平台的中心,包含了人力资源云平台的组织架构、岗位管理、绩效管理、薪酬计算、人才盘点、招聘管理、培训管理、干部管理、文化建设、智能人事等多个部分,其核心功能是为领导、各层级的管理人员提供基本的人事管理信息。在一个功能完善的中央平台之外,还必须有一些软件支持,比如人才盘点云、绩效变革云、薪酬激励云等,这些软件可以采集到各种基本数据,然后由中央平台以其巨大的运算能力对这些数据进行处理和分析,从而为人力资源管理决策的制定和执行工作奠定坚实的理论和实践基础。图 8-2 为 HR SaaS 的主要动能模块图。

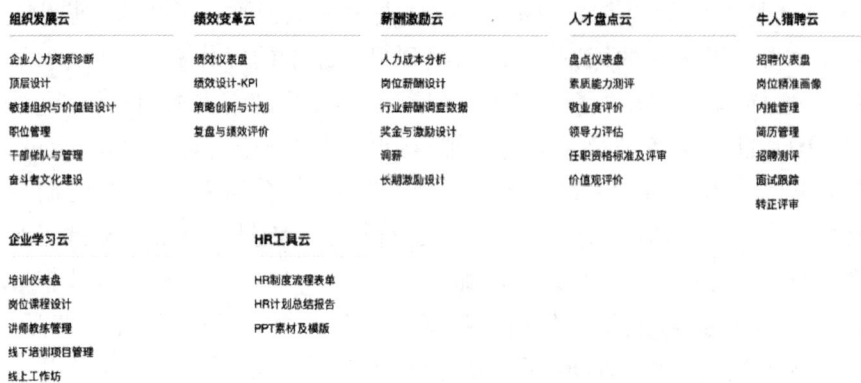

组织发展云	绩效变革云	薪酬激励云	人才盘点云	牛人猎聘云
企业人力资源诊断	绩效仪表盘	人力成本分析	盘点仪表盘	招聘仪表盘
顶层设计	绩效设计-KPI	岗位薪酬设计	素质能力测评	岗位精准画像
敏捷组织与价值链设计	策略创新与计划	行业薪酬调查数据	敬业度评价	内推管理
职位管理	复盘与绩效评价	奖金与激励设计	领导力评估	简历管理
干部继任与管理		调薪	任职资格标准及评审	招聘测评
奋斗者文化建设		长期激励设计	价值观评价	面试跟踪
				转正评审

企业学习云	HR工具云
培训仪表盘	HR制度流程表单
岗位课程设计	HR计划总结报告
讲师教练管理	PPT素材及模版
线下培训项目管理	
线上工作坊	

图 8-2 HR SaaS 的主要功能模块

2. 数据及算法

传统的人力资源管理软件都是以人力资源管理工作过程和空白模板来设计的,这些都要求公司的人力资源管理者自己去设计,但是在现实中,大部分公司的人力资源从业者都不具有这样的技能,所以现在大部分的人力资源软件都不能够很好的被应用。人力资源云平台以中央平台的功能模块云为基础,将产业的信息数据与内容相匹配,并与各种工具的高效运用相融合,构建一个以数据和算法为核心的人力资源新型数据平台,可以在此基础上,对人力资源进行科学的分析与决策。

3.智能管理后台

一个可扩充的人力资源云平台,就必须有一个非常强大的智能化的后台管理系统,它要围绕着每个公司的现实需求,来进行账户和授权的设置,对各种产品的使用进行对接 / 购买 / 打通 / 配置,并对各种项目的进展进行监测和分析,此外,还必须将数据分析和财务系统进行匹配。而这个系统平台是一个重要的工作平台,它可以被公司使用,让公司通过它来进行各个人力资源项目的设计、实施和数据决策。

4.营销推广平台

人力资源云平台的运营商需要一个强大的营销推广平台,就好比打响了商品广告,让更多的人知道并购买。营销推广平台扮演着提供产品服务、拓展销售渠道、管理客户信息等多重角色。人力资源云平台运营商需要投入精力和资源,建设一个系统完善、高效运转的营销推广平台,以支持企业的市场拓展和业务增长,包括产品服务的设计、价格的制定、商城的产品展示、销售渠道管理、客户信息管理、销售项目跟踪、营销工具、代理商平台等等。

5.PC 与移动端结合的应用场景

为了让客户使用更加方便,减少由于烦琐的操作而造成的低效能、低意向性等问题,一定要以各类手机端的应用平台为基础,比如 App、微信小程序、服务号,还要搭建一整套以电脑 PC 系统为基础的人力资源云平台,对各类工具、数据展示和进度跟踪进行配置,构筑加强的智慧后台和模块云。

(二)人力资源云平台的服务模式

(1)线上平台租赁模式(订阅模式):企业可以按照自身的需求选择相应的订阅套餐,以及相应的服务内容,按月或者按年进行支付,并在云端使用相关的人力资源管理服务。

（2）线上平台（订阅）＋线下地面服务模式：除了线上平台的订阅服务外，企业还可以选择额外的线下专业顾问服务，如人力资源管理咨询、招聘流程优化、薪酬福利方案定制等，以满足更个性化、定制化的需求。

（3）线上工具购买模式：企业可以根据自身的需求直接购买人力资源管理软件和工具，并进行独立部署与使用，从而实现更加自主化的管理和定制化服务。

（4）线上平台（订阅）＋线下培训顾问模式：除了线上平台的订阅服务外，企业可以选择得到线下培训顾问的服务，例如员工培训、绩效管理辅导等，提供更为贴心和专业的帮助。

三、人力资源云平台的创新策略与实施

随着信息技术的发展，人力资源云平台的应用越来越广泛，人力资源云平台要在人力资源领域占有一席之地，乃至成为业界的标准，就需要进行深入的技术革新。这里运用价值链分析和逻辑树分析等方法，对云计算环境下企业的创新战略和实现途径进行了研究。

（一）业务模式研究与设计

从顾客的需求开始，运用价值链模型对顾客展开深入的分析，并根据这些分析对产品和经营方式进行设计，这个过程中最关键的一点就是要全面深入地分析顾客的要求，发现潜在的商机，从而建立起一个公司内部的经营价值链。此外，公司还必须搭建工作团队，并在这个前提下，展开对公司产品及商业模式的创新和设计。

1. 搭建人力资源云平台服务的商业模式

如果要让人力资源云平台能够被大部分企业所使用，并且能够被绝大多数员工充分的使用，那么就一定要从最上层的设计入手，以对顾客的要求进行深入的洞察为出发点，运用价值链模型对平台进行深入的剖析与重组，从基本上创造出具有高顾客满意度的产品及服务，构建出一

个新的人力资源生态系统。

（1）对顾客需要的理解

人力资源云平台是否能创造价值的一个最关键的条件就是它的功能能不能满足顾客的需要。例如，A公司成功的一个最重要的因素就是以以往的产品和服务为基础，在此基础上不断发展和迭代。所以，对客户的需要，尤其是潜在的需要，进行深入地研究、高效地梳理和处理，以此来为平台的产品和服务开发提供一个输入，只有如此，才能达到针对性，才能更容易地形成精品、爆品。A公司已经组建了一个专业的产品小组，针对用户的需求，制定了一个研究和分析的机制，从传统的线下向线上过渡，并逐渐向线上方向发展。所以，一定要对用户的需求进行深入分析，从组织的绩效成长的视角来看，对标杆公司的典型实践进行学习，对公司人才的深度要求进行整理并评估，以此为依据进行产品的设计。

（2）构建企业的内在经营价值

以顾客的需要为出发点，构建企业的内部运作价值链，这是人力资源云平台的一大特色，需要深入地考虑：①顾客是什么？面向的对象是大型企业，还是中小型企业？根据公司的大小和所面临的人力资源问题，人力资源云平台的需求是有差异的；②人力资源云平台的产品包含哪些内容？一个成熟的人力资源云平台，包括了技术产品、内容产品、服务产品等多个方面。在此基础上，以各种产品和服务为基础，制定出不一样的价格；③如何进行市场销售？从市场的价值设计，到客户的获取，解决方案的设计，服务的提供；④怎样建立一个中间平台？从技术支撑到产品开发，再到投入生产；⑤为企业的后端提供高效保障，其中以人才与金融为核心，如何凝聚与培养一支高素质的企业队伍，并为企业的发展提供各种融资保障。

2. 优化产品 / 服务模式

（1）产品设计

根据实现形式和内容的不同，可以将人力资源云平台分成软件平台产品、内容产品、工具产品、服务产品四大类。"软件平台"的产品，是以一种"软件"的形式来供应的。与传统的"软件公司"不同，人力资源云平台更多的是以一种租赁账户的模式来为顾客服务。内容产品的重点指的是按照行业和模块提供的关于人才的专门知识,人才的云计算平台能够将大量的人才知识嵌入其中,让用户能够下载并进行在线编辑。工具产品的基本特征是:为了能够达到特定的要求,在进行了技术和内容的发展之后,最终所产生出来的一种产品。这些工具类产品通常具有一些特征,比如,具有准确的应用情境、容易的操作、直观的作用,这些特征通常都是人力资源云平台的核心部分。服务产品指的是支持软件、内容和工具,为了让这三种产品能够顺利地实现,要对公司的客户进行指导,通常是以咨询和培训的方式展开的。

（2）服务模式设计

一个好的软件能够让使用者自己去操作,没有复杂的后继工作,这也是我们在开发人力资源云产品时要遵守的一个非常重要的原则。但是,当前,由于国内的公司,一般都存在着人力资源水平不高的状况,他们对人力资源云服务,尤其是对原创的互联网产品还不太了解,因此,就需要为其提供一些特定的专业服务,来确保其能够在人力资源云平台上实现高效落地。一是网上授课与指导,将各种作业中的主要技术动作与技能制作成指导手册,并将相应的教学内容记录下来,供使用者直接进行学习;二是公司落地指导,有专门的内容专家,为公司提供系统的使用、内容的制作、落地实施等方面的指导;也有可能通过专业的技术支援咨询师来进行远距离的问题解决,而联机的远距离辅导也是可能的。

（二）人力资源云平台创新策略

作为一种新兴的事物,目前,在国内还缺乏特别系统的、典型的成功例子。我们可以参考国外的成功例子,但是不能直接复制过来,尤其是与我国的发展特征和现实情况不相吻合的情况。所以,我们需要进行深入的创新,从而在这个领域取得成功。

1. 商业模式创新

（1）独立运营公司／多种融资模式

一项新的服务,要发展得更快,就要改变原有的服务模式,去做、去试验、去更新。人力资源云平台企业要取得最后的胜利,在初期就会有大量的技术和运营资源的投资,并且还需要大量的资本来支撑,尤其是对于中小型的初创公司来说。解决融资问题的办法有很多,比如,众筹方式,在一个项目的初期,在一个新的产品还没有上市,一个新的业务模型还不清楚,想要获得投资者的投资非常困难的时候,就可以采用众筹的方式。另一种方式是采用内部合伙人模式,在核心技术人员、运营人员、服务人员等方面,给予他们一定的长期激励,减少他们的固定工资所占的比例,来缓解公司的资金问题。第三条路,就是加强融资力量,设立一个专门的金融机构,雇佣一些专业的人士,来处理这些机构的财务问题。

（2）精益创业模式

一个完善的人力资源云平台包含了极其庞大和复杂的内容,如果一次性都研发出来,耗时长、成本高,并且在企业落地应用也很困难。一种很好的做法是,采取一种"精益"的创业模式,也就是在一开始,先发布一款足以让顾客惊讶的新产品,等新的产品上市之后,再把它交给顾客,顾客在使用过程中会发现新的问题,并提出新的要求,之后,公司会以一种缓慢的速度,一步一步地对系统进行升级,这样才能让这个新的体系变得更加完美。在此基础上,基于优秀企业家的经验积累,逐渐对人力资源的各项职能和模块进行优化,从而实现人力资源管理工作闭环,逐渐建立起一个实用、系统化、用户口碑良好的人力资源云平台。

2. 盈利模式创新

传统的人力资源软件大都采用了一种"一次购买"的模式,不管是进行个性化的开发,或者是进行模块化的使用,公司经常要付出大量的成本来购买,这也是目前公司的人力资源信息化水平不高的主要因素之一。人力资源云平台采用一种新型的预订＋出租＋服务购买等方式来实现其利润。而且还采用了一种"按年收费"的收费方式,在开始使用的时候,公司的成本仅仅是数千元,而且大部分公司不需要通过招标就能够做出是否购买的决策。

（1）订阅模式

经过对国际人力资源云平台和国内企业服务云平台的研究,结合人力资源云平台的核心业务,我们提出了面向人力资源管理的在线学习系统、组织招聘系统、绩效管理系统等定制化盈利模式。

在这种订阅模式下,公司可以根据自身具体需求,在特定时间期限内订阅相关模块的使用账户。每个模块都可以单独购买,购买的时限从一个季度到半年、一年、两年、三年,甚至五年都有可能。这样一来,用户只需购买所需要的服务和产品,而人力资源云平台也能够获得稳定的续费收益。

（2）低价高附加值工具产品

目前,市面上比较成熟的人力资源云平台的工具单体就是评测,以北森为例子,它的平台上包含了各类素质、能力、领导力等评测工具。但是,就整个人才市场的总体要求而言,仍存在着许多亟待解决的问题,例如:产业的关键岗位薪酬调查报告,简易直观的人才盘点工具,精确的岗位画像等等。这一类型的商品都有一个共同的特点:价格低廉,但是量大,且买且用。对于这种商品,就必须集中精力,深入了解顾客的需求,突破已有的商品模型,进行创意设计,打造爆品。在研发平台上,主要是针对目前最热门的手机应用,扫描一下就能使用,用过马上就能看到效果。

（3）线上＋线下落地辅导

除了顾客购买订阅服务和相关的低价高附加值的工具产品外,很多公司还需要接受人力资源云平台服务公司提供的各种培训指导服务。这种培训可以采用线上和线下两种不同的方式。线下指导是一种传统形式,就像是平台派出专业的顾问到企业现场,以项目咨询的形式为企业提供服务。他们会针对企业的管理者、员工和人力资源从业者提供操作指导,帮助他们将各种项目落地实施。在2020年,新冠肺炎疫情爆发以后,在线辅导的方式得到了迅速的发展,在这个过程中,云平台服务公司需要对客户进行在线指导,并组建专兼职线上讲师和顾问团队,从而构建出一支专业的、具有针对性的、可操作的在线指导队伍。

3.技术创新

（1）算法与大数据应用

与传统的人力资源管理软件的不同之处在于,人力资源云平台上,所有的用户的数据都会被聚集起来。为了方便用户阅读和检索信息,还必须加入当前最常用的方法。在这个过程中,通过对用户的搜索信息和个人标签的分析,自动将信息推送到用户的面前。此外,该系统还能够对数据进行自动运算,从而生成相应的报表或报告。比如,薪酬调查数据,以往都是通过一间薪资调查公司来获取的,如今已经不用了。在统一的人力资源云平台上,职位和薪资信息被规范化,根据后台的大数据和算法,会自动地生成薪资调查数据。并且,该数据是一个动态的、实时的数据,如果有一个领域中的公司的薪资数据发生了变化,那么该系统就会自动地计算出最新的数据。

（2）敏捷开发

人力资源云平台在软件开发方面需要遵循敏捷、高效的原则,因为与传统财务软件相比,人力资源软件较为复杂,缺乏统一的标准和模板,对于需求的变化和快速反应要求较高。

在人力资源云平台的敏捷开发中,需要快速确定需求,快速设计原型,快速开发上线后进行试验,然后进行快速迭代开发。这意味着开发团队需要具备快速反应能力,有能力快速适应变化,并且能够灵活调整开发方向。另外,在敏捷开发中,强调团队之间的高效沟通和协作,鼓励面对面的沟通,主张小而灵活的团队,提倡定期交付可运行的软件,从用户反馈中不断改进和完善产品。这种开发方式更加注重用户需求和体验,能够更快地满足市场的变化和客户的需求。

4. 营销与运营创新

（1）整合营销

在销售和宣传方面,利用网络,通过微信、钉钉、今日头条,以及其他人力资源管理新媒介,建立一个三维的市场传播网络;在销售方式方面,主要是通过直接的方式,组建一个专业的销售队伍,并与其他各大城市中的一些已有经验的人力资源公司、软件销售公司等展开协作,形成一个共同的城市伙伴制度。

（2）重点培养人力资源专业水平

如果要让一个全新的东西被用户所认可,必然要进行一件事,那就是对用户进行教育与训练。这一点在人力资源云平台上尤为明显,因此,一定要把提高每个区域的人力资源从业者,尤其是公司的人力资源主管的职业能力当成是项目进行的一部分。经过对不同层次的人力资源从业者的训练,提高他们对人力资源云平台的认识,并在此基础上,对各种平台工具、数据应用技巧进行深入的研究,为下一阶段的引进做好充分的准备。

如果想要在人力资源管理的这个领域中，成为一个有竞争力的企业，就一定要努力地进行创新，在不断的尝试和总结中找到适合企业自身的成长和发展道路。

（三）人力资源云平台实施路径

重视对平台内容的构建，这是人力资源云平台建设工作的关键。人力资源云平台应当持续地对其在线的内容进行改进，提高在线的各种工具的开发品质，确保其产品的性能能够达到企业客户的要求。

1. 平台模块化，内容标准化

由于到现在，国内还没有制定出一套关于人力资源云平台建设的规范，所以，人力资源云平台建设过程中需要做的第一件事，就是要对这个平台展开模块化处理，这就需要打破以往的传统的思路，建立起一个全新的人力资源管理模式，并且要将内部的运作逻辑给打开。在这个平台的内容建设上，也要有一个统一的规范，但切忌大而全。

（1）平台模块化

传统人力资源模块包括人力资源规划、招聘、培训、薪酬、绩效、劳动关系等六个部分，在过去的二十年中，这个模型还能满足企业对于人力资源的需要，而现在，这个模型的划分，已不能满足企业规模化、企业变革发展的需要，所以它需要不断地更新。在对国内外众多基准公司的人力资源管理工作进行了深入的分析之后，新的人力资源云平台的功能可以分为以下几个部分：第一，组织发展，具体包含了组织结构设计、职位管理、组织顶层设计等内容；第二，业绩管理，包括业绩设计、计划管理、业绩进度、数据跟踪、业绩复盘等；第三，薪资管理，包括薪资设计、福利待遇等内容；第四，对员工进行盘点，其中包含了对一般员工的盘点，对干部进行的评估，对员工的绩效、敬业程度、专业程度和价值观等多方面的评估；第五，招聘管理，提供各种招聘途径的连接，包括履历和招聘流程的管理、职位表的编制等；第六，培训管理，通过与平台上的各种培训信息进行连接，可以在公司内完成培训方案的设计、课程的管理、教师的管理、培训统计和成效评价。

（2）内容标准化

为了满足不同企业客户的需求，有些人力资源云平台在功能的设计上，经常会选择大而全的方式，例如：一个绩效模块，它可以支持 KPI、OKR、BSC、MBO、360 度等各种考核方式。但是，如果我们对其进行深入分析就会发现，许多企业在绩效设计上都不懂得该如何去进行，所以，上面提到的这些考核模式，有许多都被证实是没有效果的。所以，如果想让人力资源云平台拥有一批忠实的用户，并且能够得到顾客的高度认同，那么就一定要对其进行标准化，简化其功能，并将其统一，只有在这种情况下，客户才可以进行大批量的重复。而规范化的作业模板也将为高品质工业产品的迅速制作与系统引入提供便利。

2.聚焦用户需求，内容生产与技术研发并重

（1）注重高质量内容生产

在进行技术研发时，要注重高质量的人力资源内容的生产，才能做到"拿来略加修改就能用"。人力资源云平台的内容的生产包括以下几个部分：一是行业的人力资源的内容模板可以利用人力资源云平台来获得，只要稍稍调整一下就可以使用。二是人力资源软件的基础部分，例如性格与职位的契合度，要根据不同的职业特点来进行性格和职位的契合度分析，将不同职业中的代表性职位，以不同的方式进行契合度的设定，以数据和计算为基础，将测试后的结果与职位需求进行比较，从而得出结论。

（2）全力推进算法 / 大数据中台和前台研发

在技术路径的选取上，力求使前台操作简洁、快速，后台数据系统清晰明了，这就要求构建一个以算法 / 大数据为核心的技术研究和开发机构，而不仅仅是一个单纯的文件储存系统，它应该是一个智能化的操作和数据系统。在客户展示、查询界面，可以参考当天的标题，采用瀑布式的方式，根据用户的查询、个人关键词，仅展示其最关心的内容。在各种软件的开发方面，要以算法为依据，比如个性与职位评定体系，它将算法和计算逻辑嵌入其中，在测试之后，就可以看出与目标职位相匹配的比例。另一个层面，就是在完整的平台数据的基础上，构建起一套完整的大数据中台体系，按照行业、地区等维度，对数据进行整合、清洗和计算，从而为公司的使用者们提供更多的决策

支撑。

（3）以客户简单高效操作为核心出发点

人力资源云平台能够得到推广的一个关键因素就是它的操作快捷，操作快捷并不代表它的体系很简单，实际上，它的运行要非常的快速，并且要确保每一个项目的成功实施，就必须有大量的中幕后的产品和数据作为支撑。无论在产品的设计还是在系统的研发过程中，都要遵守"极简"的原则，尽量减少使用过程中所涉及的各种环节和行为，以便于迅速地对这些环节和行为进行推广。但是，这样的"极简"仅仅是对使用者进行了简单的处理，而对后台的处理，尤其是对资料的处理，则要求有一个立体的、形象的、完整的、客观的系统反应出实际的问题。

（4）按行业做精细化开发

传统的人力资源系统以其软件的功能为中心，但是，人力资源云平台这种新的人力资源系统，一定要能够适应不同行业的公司用户的不同的要求，这就要求在平台内容的研发上，要按照不同的行业进行深入的众创和开发。可以采用行业内容众创的模式，公司建立一个专业的行业项目团队，对行业内容进行分类，在开发的过程中，将各行业的人力资源从业人员进行统一组合，并根据项目进行分配和管理。

3. 强化落地应用，侧重人力资源工具研发与应用

（1）以人力资源工具为侧重突破点

基于公司的人力资源业务需求，人力资源云平台要摆脱"大而空"的局面，更好地从人力资源需求的角度出发，以人力资源需求为核心，深入研究公司的用户需求，进行产品的创新，做好新品的开发与发布工作，并在人力资源云平台中构建人力资源业务驱动的运行体系。还必须持续地进行更新，对实践中的经验进行总结，对运营的关键环节进行精练，并逐步对其进行深入地、持续地迭代，最后才能打造一个"拳头产品"，甚至是一个"爆款"的产品。

（2）狠抓客户典型应用

要让人力资源的工具更快、更好地普及开来，首先要做到的就是要有具有代表性的企业的使用实例。所以，企业的人力资源工具都会在正式发布之后，按照不同的企业类别，挑选出具有代表性的企业，然后成

立一个特别的项目团队,进行具体的实践,总结操作过程中的经验和要注意的地方,最后再在各大营销平台上进行全面的宣传,让企业的顾客们能够亲身体验,从而提高企业的经营目标。

（3）以客户口碑为核心运营目标

在对人力资源云平台进行评估时,最核心的因素并不只有一个经济指标,还有一个更加关键的因素,那就是顾客的口碑。不管是在云平台的系统中,还是在内容、工具产品中,让顾客感到高度认同并给予肯定的产品,才是一款好的产品。在产品的开发中,要注重顾客的感受,如销售对接、顾客服务等等。

参考文献

[1] 水藏玺.人力资源管理体系设计全程辅导 [M].3 版.北京:中国经济出版社,2022.

[2] 钱玉竺.现代企业人力资源管理理论与创新发展研究 [M].广州:广东人民出版社,2022.

[3] 李佳明,钟鸣.21 世纪人力资源管理转型升级与实践创新研究 [M].太原:山西经济出版社,2021.

[4] 孙延明,宋丹霞,张延平.工业互联网 企业变革引擎 [M].北京:机械工业出版社,2021.

[5] 温晶媛,李娟,周苑.人力资源管理及企业创新研究 [M].长春:吉林人民出版社,2020.

[6] 邓斌.基于大数据背景下人力资源管理模式创新研究 [M].长春:吉林人民出版社,2020.

[7] 杨姗姗,王祎,樊洪深.互联网时代人力资源生态管理研究 [M].长春:吉林人民出版社,2020.

[8] 张文仙,王鹭.新时代背景下企业人力资源管理研究 [M].长春:吉林大学出版社,2019.

[9] 刘燕,曹会勇.人力资源管理 [M].北京:北京理工大学出版社,2019.

[10] 张同全.人力资源管理 [M].沈阳:东北财经大学出版社,2018.

[11] 王凯霞.大数据时代企业人力资源管理模式构建与机制创新研究 [M].北京:北京工业大学出版社,2018.

[12] 易南.世界 500 强人力资源总监管理笔记 [M].北京:中国商业出版社,2018.

[13] 曹锋.天天向上 老 HRD 手把手教你做好人力资源 [M].北京:

中国铁道出版社,2018.

[14] 方雯.工作分析与职位评价 [M].西安:西安电子科技大学出版社,2017.

[15] 水藏玺,景通桥,许艳萍.人力资源管理体系设计全程辅导 [M].北京:中国纺织出版社,2017.

[16] 刘琴琴,戴剑.新常态下的人力资源管理 战略,体系和实践 [M].上海:上海财经大学出版社,2017.

[17] 喻德武.互联网 + 人力资源管理新模式 [M].北京:中国铁道出版社,2017.

[18] 陈葆华.现代人力资源管理 [M].北京:北京理工大学出版社,2017.

[19] 唐志红.人力资源招聘·培训·考核 [M].3 版.北京:首都经济贸易大学出版社,2017.

[20] 王文成.企业人力资源管理的重点问题与价值新方向 [M].北京:中国商务出版社,2016.

[21] 刘群慧.社会工作人力资源开发与管理 [M].北京:中国经济出版社,2016.

[22] 王文成.企业人力资源管理的重点问题与价值新方向 [M].北京:中国商务出版社,2016.

[23] 曹子祥.曹子祥教你做激励性薪酬设计 [M].北京:企业管理出版社,2016.

[24] 穆胜.人力资源管理新逻辑 [M].北京:新华出版社,2015.

[25] 杨红英.人力资源开发与管理 [M].昆明:云南大学出版社,2014.

[26] 李亚慧.人力资源管理体系设计全案 [M].北京:人民邮电出版社,2012.

[27] 朱勇国.组织设计与职位管理 [M].北京:首都经济贸易大学出版社,2010.

[28] 王丽莹,潘淑贞.人力资源培训与开发 [M].广州:华南理工大学出版社,2011.

[29] 朱勇国.职位分析与职位管理体系设计 [M].北京:对外经济贸易大学出版社,2010.

[30] 魏志峰,许伟波.任职资格 体系设计与实施案例 [M].深圳:海

天出版社,2009.

[31]汪玉弟.企业战略与 HR 规划 [M].上海：华东理工大学出版社,
2008.

[32]黄勋敬.赢在胜任力 打造基于胜任力的新型人力资源管理体系 [M].北京：北京邮电大学出版社,2007.

[33]罗振军.七步打造完备的绩效管理体系 [M].哈尔滨：哈尔滨出版社,2006.

[34]朴愚,顾卫俊.绩效管理体系的设计与实施 [M].北京：电子工业出版社,2006.

[35]王玺.最新企业薪酬体系 人力资源管理工作者的得力助手 [M].北京：中国纺织出版社,2004.

[36]张建国.薪酬体系设计 结构化设计方法 [M].北京：北京工业大学出版社,2003.

[37]李伊凡.数字化背景下企业人力资源管理创新的思考 [J].全国流通经济,2022（23）：88-90.

[38]来然.浅析"互联网＋管理"背景下企业人力资源管理长效机制的构建 [J].中外企业文化,2022,636（11）：214-216.

[39]钱芳明.刍议"互联网＋"时代下的企业人力资源管理新趋势 [J].商讯,2022,267（5）：187-190.

[40]潘德生.人力资源管理柔性化——柔性管理的关键 [J].活力,2022,628（15）：145-147.

[41]张琳.企业人力资源管理中绩效考核制度的应用途径 [J].商场现代化,2022,979（22）：101-103.

[42]李华.人力资源管理与企业绩效的关联性分析和探讨 [J].企业改革与管理,2022,431（18）：68-70.

[43]祝剑鹰.员工培训模式与人力资源开发效果关系分析 [J].投资与创业,2022,33（17）：116-118.

[44]王宁.企业薪酬体系优化的原则与措施探讨 [J].企业改革与管理,2022,424（11）：64-66.

[45]徐旭.H 公司人力资源管理体系优化研究 [D].济南：山东财经大学,2022.

[46]何乐.基于大数据的人力资源系统设计与实现 [D].扬州：扬州大学,2022.

[47] 黎志 .XK 企业人力资源管理数字化发展对策研究 [D]. 重庆：重庆工商大学,2022.

[48] 龙心义 .L 公司组织职业生涯管理体系优化研究 [D]. 济南：山东大学,2021.

[49] 刘洁 . 人力资源云平台的创新策略及其实施路径研究 [D]. 南京：东南大学,2021.

[50] 隆秋婷,谷洪波 . "互联网 +" 时代企业人力资源管理思考 [J]. 合作经济与科技,2021,669（22）：132-133.

[51] 王静 . 大数据时代企业人力资源培训与开发 [J]. 商业文化,2021,513（24）：98-99.

[52] 蓝明珠 . 基于企业战略的人力资源规划 [J]. 上海商业,2021,514（12）：92-93.

[53] 茅瑗 . 事业单位人力资源规划与柔性管理 [J]. 投资与合作,2021,373（12）：171-172.

[54] 孙波 . 数字化对人力资源管理体系的挑战——从韩都衣舍的数字化转型谈起 [J]. 上海商学院学报,2020,21（6）：105-115.

[55] 向林双 . 企业柔性管理探讨 [J]. 合作经济与科技,2020,641（18）：132-133.

[56] 唐金忠 .K 公司薪酬管理体系优化研究 [D]. 西安：长安大学,2020.

[57] 张月强 . 激活数字人才体系 [J]. 企业管理,2020,466（6）：108-111.

[58] 康磊 . 面向未来的人力资源云平台新模式 [J]. 上海信息化,2019（5）：67-68.

[59] 严丹妮 . 企业数字化转型背景下的人才生态系统构建 [J]. 财经界,2019,522（23）：245.

[60] 汤光浩 . 浅析企业人才自主评价标准化体系 [J]. 今日财富(中国知识产权),2019（5）：121-122.

[61] 楼齐良 . 现代企业数字化人力资源战略选择 [J]. 中国培训,2018,350（5）：51-52.

[62] 王建宝 .LKK 公司人力资源管理体系优化研究 [D]. 长春：吉林大学,2018.

[63] 史阁妮 . 基于"互联网 +"的制造企业人力资源柔性化管理研

究 [D]. 大连：大连海事大学, 2017.

　　[64] 邵诗卉. 浅谈构建以战略管理为导向的人力资源管理体系 [J].
现代商业, 2017, 463（18）: 74-75.

　　[65] 王丹. 浅议职位分析在公共人力资源管理中的重要性 [J]. 辽宁
行政学院学报, 2015, 156（6）: 37-40.

　　[66] 林国智. 如何做好职位体系的规划与设计工作 [J]. 企业改革与
管理, 2015, 269（24）: 48.

　　[67] 岳佳坤. 新时期民办高校人力资源管理体系的构建 [J]. 经济研
究导刊, 2015（4）: 162+213.

　　[68] 李兴奎. A 公司人力资源管理体系优化研究 [D]. 昆明：云南大
学, 2014.

　　[69] 孟卫东, 佟林杰. 云时代背景下小微企业人力资源开发问题研
究 [J]. 企业经济, 2014, 405（5）: 83-87.

　　[70] 董嘉. DL 公司员工职业生涯管理体系的建构与实施研究 [D].
广州：华南理工大学, 2013.

　　[71] 周琳, 戴良铁. 如何进行职位体系的规划与设计 [J]. 中国商贸,
2012, 554（29）: 65-66.

　　[72] 裴幼琳. 健全人力资源管理体系　保障企业科技创新实力 [J].
中国市场, 2011, 634（23）: 95-97.

　　[73] 张攀科. 职业生涯开发导向的职位分析与设计 [J]. 河南科技,
2010, 441（7）: 26-27.